ELS
ASS
D1698614
INSIDER-TIPP
Deine Abkürzung ins Erleben!
Reisen mit MARCO POLO Insider-Tipps
1 EDELZWICKER
1 PINOT BLANC
1 PINOT GRIS
1 PINOT NOIR
22.30 €
Notre tarif
SERVEZ – VOUS
Bedienen Sie sich
1 RIESLING
1 PINOT GRIS
1 GEWURZTRAMINER
18.80 €

MARCO POLO TOP-HIGHLIGHTS

WISSEMBOURG ★1

Klein, fein, beschaulich: Weißenburg ist was für Feinschmecker und romantische Seelen.

Tipp: Besonders hübsche Fotomotive gibts auf Le Schlupf und im Quartier Bruch.

➤ S. 44, Nordelsass

HAUT-KŒNIGSBOURG ★2

Was dem Kaiser gefiel, wird auch dir gefallen. Die Hohkönigsburg ist das Neuschwanstein des Elsass (Foto).

➤ S. 82, Colmar & Weinstraße

CHÂTEAU DE FLECKENSTEIN ★3

Die Nordvogesen sind voller Felsen, die in den Himmel ragen. Hier stehen besonders große mit einer mächtigen Burg darauf.

➤ S. 46, Nordelsass

PETITE FRANCE IN STRASSBURG ★4

Das ehemalige Gerberviertel ist eine elsässische Idylle. Flanieren, fotografieren und *choucroute* futtern!

Tipp: An der Place Benjamin Zix spiegelt sich das Fachwerk besonders schön im Wasser.

➤ S. 62, Straßburg

CITÉ DE L'AUTOMOBILE IN MULHOUSE ★5

Ein Traum wird wahr: Du fährst wie Steve McQueen einen Porsche!

Tipp: Selfie? Na klar – aber nur vom Beifahrersitz!

➤ S. 103, Mulhouse & der Süden

CATHÉDRALE NOTRE-DAME IN STRASSBURG 8

Das Münster inspirierte schon Goethe zur Mutprobe. Aber wo ist der zweite Turm geblieben?

Tipp: Schau doch mal in der Rue Mercier 5 ins Schaufenster, dann siehst du's: Die Kathedrale hat doch zwei Türme!

➤ S. 60, Straßburg

BOOTSFAHRT AUF DER ILL 6

Alles Ansichtssache: Vom Wasser aus betrachtet, entfaltet die Europastadt Straßburg ganz neue Qualitäten.

➤ S. 71, Straßburg

PETITE VENISE IN COLMAR 9

Bei einem Getränk am Wasser sitzen und den Kähnen auf der Lauch zuschauen.

➤ S. 87, Colmar & Weinstraße

ISENHEIMER ALTAR IN COLMAR 7

Wahnsinn, das ist die Hölle! Die eindringlichen Altarbilder im Unterlinden-Museum führen dich in die Abgründe der menschlichen Psyche.

➤ S. 88, Colmar & Weinstraße

ÉCOMUSÉE D'ALSACE 10

Die Zeit steht still: In dem Freilichtmuseum entdeckst du das Elsass alter Tage.

Tipp: Vom Turm hast du einen guten Überblick und kannst ein Panoramafoto knipsen.

➤ S. 111, Mulhouse & der Süden

INHALT

NORDELSASS
STRASSBURG
COLMAR & WEINSTRASSE
MULHOUSE & DER SÜDEN

MARCO POLO TOP-HIGHLIGHTS

DAS BESTE ZUERST

SO TICKT DAS ELSASS

ESSEN, SHOPPEN, SPORT

MARCO POLO REGIONEN

ERLEBNISTOUREN

GUT ZU WISSEN

⏲	Besuch planen	🍴	Essen/Trinken
€–€€€	Preiskategorien	🧺	Shoppen
(*)	Kostenpflichtige Telefonnummer	🍸	Ausgehen

(🗺 A2) Herausnehmbare Faltkarte
(🗺 a2) Zusatzkarte auf der Faltkarte
(🗺 0) Außerhalb des Faltkartenausschnitts

BESSER PLANEN MEHR ERLEBEN!

Digitale Extras
go.marcopolo.de/app/els

MARCO POLO

DIGITALE EXTRAS

DIGITAL NOCH MEHR ERLEBEN

Schneller in Urlaubslaune kommen.

Perfekt organisiert sein – vor, während und nach dem Urlaub.

Mit der MARCO POLO Touren-App und unseren digitalen Angeboten.

Noch mehr Trendziele, Inspiration und aktuelle Infos findest du auf **marcopolo.de**

Werde Teil unserer Reise-Community und folge uns auf **Instagram** und **Facebook!**

SO EINFACH GEHT'S

1. Website besuchen
2. Die digitale Welt von MARCO POLO entdecken
3. App runterladen und ab in den Urlaub

Alle Infos zum digitalen Angebot unter **marcopolo.de/app**

DAS BESTE ZUERST

142 m hoch sticht der Turm des Straßburger Münsters in den Himmel

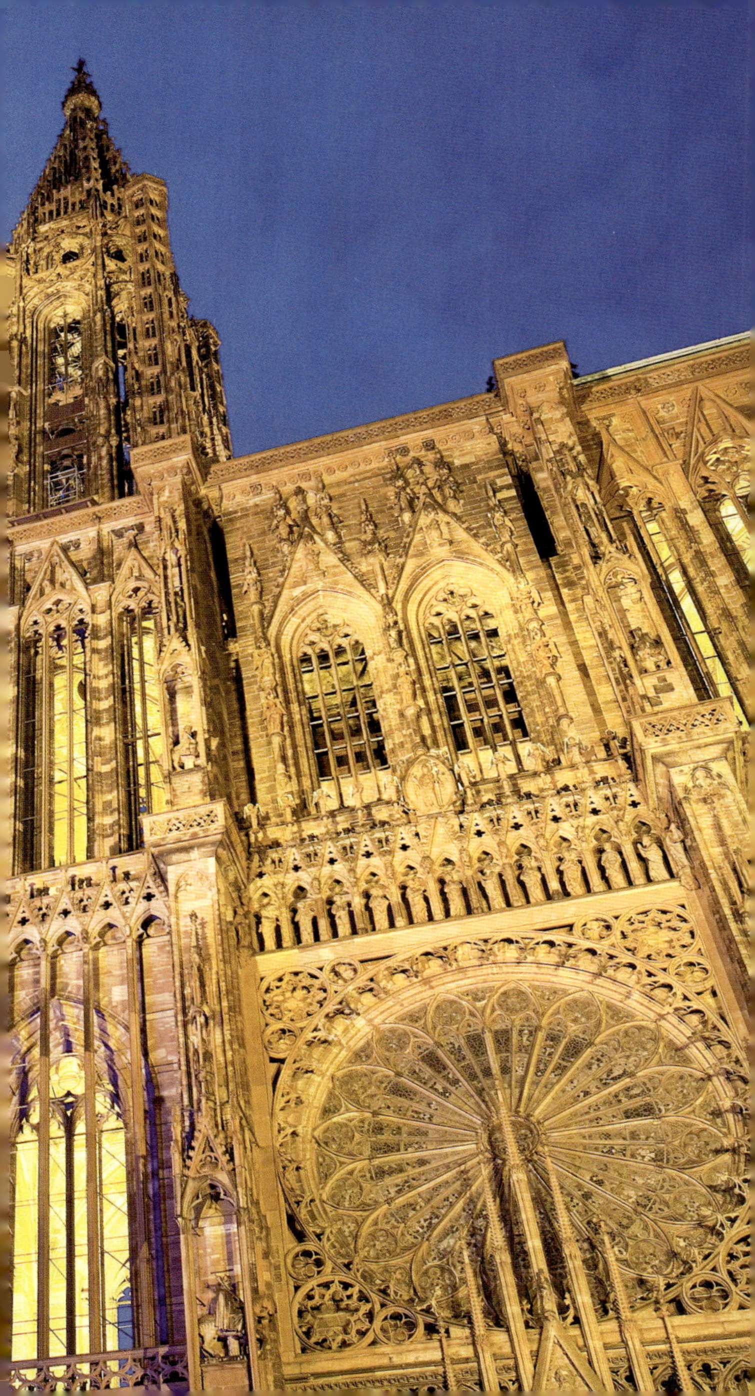

BEST OF

BEI REGEN

SCHÖN, AUCH WENN ES REGNET

IN DER SILBERMINE

Kaum vorstellbar, wie auf engstem Raum für ein paar Gramm Silber geschuftet wurde. Heute kannst du in *Museumsbergwerken* in Sainte-Marie-aux-Mines in der Val d'Argent die alten Stollen erkunden.

➤ S. 82, Colmar & Weinstraße

ALTE LOKOMOTIVEN UND EINE MINIATUREISENBAHN

Alles einsteigen! In der *Cité du Train* vergeht die Zeit wie im Flug, pardon: im Zug.

➤ S. 103, Mulhouse & der Süden

EINE RUHIGE KUGEL SCHIEBEN

Statt „alle Neune" muss man beim Bowling gleich zehn Kugeln abräumen. Auch wenn du nicht so richtig weißt, wie's geht – macht nichts! In Straßburgs *Bowling de l'Orangerie* kannst du einfach schauen, wie's die anderen machen.

➤ S. 71, Straßburg

GRÖSSTES HALLENBAD IM ELSASS

Die Kinder planschen, die Erwachsenen saunieren oder fläzen sich im Whirlpool: Das *L'O Espace Aquatique* in Obernai hat für Fun und Wellness genügend Platz. Macht am meisten Spaß, wenn's regnet!

➤ S. 86, Colmar & Weinstraße

DREI MUSEEN, EINE WEINSTUBE

Ein Schloss mit drei Museen: Im *Palais Rohan* (Foto), wo früher der Fürstbischof residierte, wird dir garantiert nicht langweilig. Dort (lust-)wandelst du durch den Prunk vergangener Zeiten – und danach ab in die *Winstub* ...

➤ S. 61, Straßburg

UNTERIRDISCHE FESTUNG

Gleich nach dem Ersten Weltkrieg ahnten die Franzosen, dass der Friede nicht von Dauer sein würde, und bauten die *Ouvrage de Schœnenbourg*, eine komplette unterirdische Stadt.

➤ S. 46, Nordelsass

BEST OF

LOW-BUDGET

FÜR DEN KLEINEN GELDBEUTEL

FORTBILDUNG MAL ANDERS
Was wächst im Weinberg? Wie schmeckt der Rebensaft? Wer einmal mit dem Winzer in *Riquewihr* durch den Weinberg wandert, genießt die Tropfen bei der anschließenden, kostenlosen Weinprobe umso mehr (Foto).
➤ S. 96, Colmar & Weinstraße

SAND UND SONNE
Tretbootfahren oder Sonnenbaden? Beides kostet nichts an Straßburgs Hotspot für Sonnenanbeter und Lebensgenießer, der *Presqu'île Malraux*.
➤ S. 72, Straßburg

UNTERWEGS MIT DEM NACHTWÄCHTER
Wie in alter Zeit dreht der Nachtwächter seine Runde in *Turckheim*. Anders als früher nimmt dich der in historische Gewänder gekleidete Mann mit auf seine Runde – ganz ohne Wegegeld.
➤ S. 93, Colmar & Weinstraße

RADELN IN UND UM HAGUENAU
Kleines Geld, großer Radius: 3 Euro sind als Mietgebühr für einen ganzen Tag fast geschenkt. Einer Stadt- oder Landpartie mit dem Citybike oder bei 2 Euro mehr sogar mit dem E-Bike steht nichts im Weg!
➤ S. 49, Nordelsass

FÜR EIN- UND AUSSTEIGER
Sightseeing mal anders – und überaus günstig mit dem Tagesticket: In der Straßburger *Tram* erfährst du die ganze Stadt. Wenn's dir irgendwo gefällt, steig aus. Wenn du weiterwillst: Steig ein oder um!
➤ S. 60, Straßburg

FILMNÄCHTE IM PARK
Im Juli und August ist jeden Donnerstag im Parc Salvatore in Mulhouse was los, Filme werden gezeigt und Bands spielen auf. Das Programm der *Jeudis du Parc* wechselt wöchentlich.
➤ S. 105, Mulhouse & der Süden

BEST OF MIT KINDERN

SPANNENDES FÜR GROSS & KLEIN

UNTER FREIEM HIMMEL

Keine Autos hupen, dafür klappert der Storch: In Straßburgs Parks *Robertsau* und *Orangerie* kannst du Federball oder Fußball spielen, die Natur entdecken und natürlich die Picknickdecke ausbreiten. Das machen hier alles so!

➤ S. 72, Straßburg

ZUCKERBÄCKERTRÄUME

Im Colmarer Schokoladenmuseum *Choco Story* entstehen Berufswünsche. Wer einmal im Leben seine eigene 300-g-Tafel Schokolade produziert hat, will das bestimmt auch weiterhin machen.

➤ S. 88, Colmar & Weinstraße

MACHEN UND ENTDECKEN

Für einen Ingenieur ist nichts „zu schwör", für Kinder auch nicht. Im Mitmachmuseum *Le Vaisseau* können Kinder ihre Talente entdecken und ausleben.

➤ S. 65, Straßburg

SENSIBEL ZU FUSS

Oh, das kitzelt ja! Der *Barfußpfad* ist eine ganze besondere Erfahrung. Am Lac Blanc in den Hochvogesen kann man noch viele andere schöne Dinge machen, zum Beispiel auf der *Rodelbahn Tricky Track* oder im *Hochseilgarten Lac Blanc Parc d'Aventures.*

➤ S. 95, Colmar & Weinstraße

ZEITREISE UNTER DAMPF

Allez hop! Einsteigen, gleich zuckelt der *Train Thur Doller* in Cernay los und fährt gemütlich durchs Tal der Doller. Auch wenn viel schwarzer Rauch aus dem Kamin steigt, der Himmel bleibt trotzdem blau.

➤ S. 108, Mulhouse & der Süden

ABENTEUER WILDNIS

Im *Tierpark Sainte-Croix* heulen Kojoten und Wölfe. Weitere kleine und große Abenteuer warten auf dem Barfußpfad und im Hochseilgarten.

➤ S. 55, Nordelsass

BEST OF
TYPISCH
DAS ERLEBST DU NUR HIER

ELSÄSSER LEIBSPEISE

Kalorien zählen gilt nicht! Der dünne, knusprige *Flammkuchen* ist das elsässische Gericht schlechthin. Im *L'Aigle* in Pfulgriesheim genießt du die vielleicht besten. Zwei Sorten, mit Käse und ohne – das reicht. Danach hilft Tee gegen Völlegefühle ...

➤ S. 67, Straßburg

AUF DER ILL MIT DEM FLUSSSCHIFFER

Wenn einer texten kann, dann er. Patrick Unterstock ist der grüne Münchhausen aus dem Grand Ried. Der letzte *Flussschiffer* auf der Ill wird dir so einiges über die Natur der Feuchtgebiete erzählen – und ein paar Flunkereien auch.

➤ S. 87, Colmar & Weinstraße

ALLTAG IN DER GUTEN ALTEN ZEIT

Das Heimatmuseum *Musée Alsacien* zeigt dir die wunderbaren Dinge aus alter Zeit: wie die Leute gelebt haben, das Butterfass und sogar eine ganze Apotheke, aber auch viele kleine, alltägliche Dinge. Die Elsässer hatten schon immer ein Händchen für die schönen Dinge des Lebens (Foto).

➤ S. 62, Straßburg

DAS MENÜ ZUR WANDERUNG

Wer wandert, braucht Stärkung. Nichts wird dir in den Hochvogesen besser schmecken als ein deftiges *Melkermenü* mit *schiffala* und *roigebrageldi,* zum Beispiel in der *Ferme Auberge du Treh.* Dem Himmel so nah ...

➤ S. 110, Mulhouse & der Süden

KULINARISCHE FESTE

Für eine zünftige *fête* gibt es immer einen Grund, ob es nun die Kirschen, die Mirabellen oder das Sauerkraut sind. Stilecht wird es mit Blasmusik, Folkloretänzen, Umzug, Bauernmarkt und Samstagabendschwof im Festzelt. Praktisch jedes Wochenende findet irgendwo ein solches Fest statt.

SO TICKT DAS ELSASS

Gemütlichkeit, Nostalgie, Idylle: drei Elsass-Klischees, die (zum Glück!) zutreffen

A la Grappe d'Or
RESTAURANT
WINSTUB

ENTDECKE DAS ELSASS

Architektur im Dienst des Individuums: Gerichtshof für Menschenrechte in Straßburg

Ein Downhillbiker in den Vogesen, viel zu schnell. Ein TGV auf gerader Strecke, 320 km in der Stunde. Mann und Frau auf einem Hausboot, Schritttempo. Samstagmittag in Mulhouse, Colmar, Straßburg: kreuz und quer Gewusel auf der Grand'Rue. Das Elsass ist ein Land mit vielen Geschwindigkeiten. Sprachen früher ländlicher Charme, Weinstraße und „Leben wie Gott in Frankreich“ für Ferien im Elsass, so gibt es heute ein paar Argumente mehr.

NATÜRLICHER REICHTUM

Auf nur 8280 km² finden sich nicht nur die bekannten Trümpfe Straßburger Münster und Isenheimer Altar, Elsässer Küche und Weinkeller, sondern auch die zwei großen Naturschutzgebiete der Ballons des Vosges und der Vosges du Nord sowie das grenzüberschreitende Biosphärenreservat Pfälzerwald-Vosges du

58 v. Chr. Die Römer erobern Gallien

5. Jh. Völkerwanderung, Alemannen siedeln sich an

962 Das Elsass wird Teil des Hl. Römischen Reichs Deutscher Nation; Burgenbau der Staufer

1648–1681 Mit Ludwig XIV. übernimmt Frankreich die Herrschaft

1870/71 Nach dem Preußisch-Französischen Krieg gehört das „Reichsland Elsass-Lothringen“ zum Deutschen Reich

1919 Das Elsass wird erneut französisch

Nord und vielfältige Biotope wie die Rheinauen im Grand Ried, wo es sogar noch einen Flussschiffer gibt. Mit seinen Alleen ist das flache Land ideal für Fahrradtouren, genauso wie der hügelige Sundgau im Süden und das „Krumme" Elsass Alsace Bossue im Nordwesten, zwei verträumte Landschaften, die eine Reise wert sind.

FREIZEITPARADIES VOGESEN

Für Pedalisten um einiges kniffliger sind da schon die Vogesen mit ihren Burgen, Gipfeln, Schluchten. Wanderer, Skifahrer, Schneeschuhläufer, Kletterer, Drachenflieger, Pilzsammler und Motorradfahrer finden hier ihr Terrain, sogar mit alpinem Charakter. Trotz Skizirkus rund ums Hohneck ist die Bergwelt immer noch authentisch, auch weil die Bergler nach wie vor Kühe hüten, Käse machen und ihre *fermes auberges,* ihre Bergbauernhöfe mit rustikalen Spezialitäten, in Schuss halten.

EIN BISSCHEN „LE KITSCH" GEHÖRT DAZU

Wesentlich anmutiger und sonniger ist es in der Vorbergzone. Hier wächst der berühmte elsässische Riesling und hier wird deftig oder fein aufgetischt. Jedes Weindorf ist ein Geschenk fürs Auge. Stadtmauern und Türme, Erker und Fachwerk mit Geranien sind der Stoff, aus dem die Elsassträume gewebt sind, wie sie Tomi Ungerer zeichnerisch in seinem „Großen Liederbuch" verewigt hat. Die 170 km lange Route des Vins d'Alsace gehört zum Pflichtprogramm. Es gibt aber auch eine Käsestraße, eine Straße des frittierten Karpfens und auch eine Schokoladenstraße im

INSIDER-TIPP
Abgefahrene Genussrouten

1940–1944 Nazideutschland besetzt das Elsass, 32 000 Opfer

1949/1952 Straßburg wird Sitz des Europarats und des Europäischen Parlaments

2016 Neugliederung der französischen Regionen, das Elsass wird Teil der Region Grand Est

2020 Das Elsass ist die am schwersten von Covid-19 betroffene Region in Frankreich

2021 Fusion der beiden elsässischen Departements Haut-Rhin und Bas-Rhin zur „Collectivité Européene d'Alsace" (CEA)

Norden. Hier sind die Dörfer etwas weniger putzig – der Wein fehlt –, aber dafür gibt es hier viele Höfe, die nicht nur Kühe auf der Weide haben, sondern auch Pferde auf der Koppel und Ferien für die ganze Familie anbieten.

DREI STÄDTE, DREI CHARAKTER

Nur 190 km misst das Elsass von Nord nach Süd und keine 50 km vom Rhein bis zur Kammlinie der Vogesen. 1,9 Mio. Menschen leben hier, die meisten davon in den drei großen Städten. Diese haben alle ihren ganz eigenen Charakter, sind großbürgerlich (Colmar), industriell (Mulhouse) oder multikulturell-europäisch (Straßburg) geprägt. Touristisch ist das kleine Ländchen eine Großmacht: 24 Mio. Übernachtungen werden pro Jahr gezählt – kein Wunder bei der Menge all der schönen Orte.

KONSERVATIV UND MODERN

Dass die Zahl der wunderbar erhaltenen Dörfer und Städtchen so groß ist, hat Gründe. Zum einen liegt es an der Mentalität: Die Elsässer sind konservativ, sie bewahren gerne, gerade auch, weil sie oft genug den Verlust ihrer Heimat erleben mussten. Das Dorf, das Essen, der alemannische Dialekt und die Feste stehen hoch im Kurs. Die Heimatverbundenheit äußert sich auch im gemeinsamen Anpacken für ein Dorfmuseum. Auch der französische Zentralismus mag mit ein Grund sein. Frankreichs Osten musste lange auf sein Wirtschaftswunder warten – zum Glück: Aus Kleingeld werden eben keine großen Bausünden.

KULTURELL IST EINIGES LOS

Auch in den Städten gibt es die Liebe zur Tradition. Das ehemalige Gerberviertel Petite Venise ist das Kleinod Colmars. Ursprünglich wollte man das „Kleine Venedig" abreißen, doch die Colmarer wehrten sich erfolgreich. Aber bei aller Traditionsverbundenheit sind die Städte(r) auch unruhig – wie überall. Kulturell ist einiges los: Musik-, Film-, Tanz- oder Theaterfestivals stehen auf der Agenda, Markthallen werden gebaut und sogar beim Essen wird Neues ausprobiert, wie die Foodtruck-Festivals zeigen. Es muss nicht immer Flammkuchen sein!
Schon immer war das Elsass ein Grenzland. Nach den Kelten und Römern kamen die Alemannen, später pflückten sich die Franzosen den schönen Apfel, dann die Preußen, wieder die Franzosen, die Nazis, bis nach dem Zweiten Weltkrieg die Sache entschieden war und die Zeit endlich reif für Versöhnung. Heute ist die Geschichte nicht vergessen, aber großteils vergeben. Die Wechsel haben der Region gutgetan, vom mittelalterlichen Fachwerk über französische und wilhelminische Paläste bis zu Glas- und Betonbauten ist alles zu finden. Auch kulinarisch geht bekanntlich Großes. Spielt es also eine Rolle, wie französisch das Elsass ist oder wie deutsch *l'Alsace?* Neugierige, Gourmets, Sportbegeisterte, Naturfreunde und Frankophile (und viele andere auch) genießen gerade diese Durchdringung zweier Kulturen mitsamt ihren Widersprüchen!

AUF EINEN BLICK

1.899.000
Einwohner

Mecklenburg-Vorpommern: 1.612.000

900
Storchenpaare

119
Weinbaugemeinden

8.280 km²
Fläche

Kärnten: 9.536 km²

HÖCHSTER BERG: GRAND BALLON
1.424 m

Feldberg im Schwarzwald: 1.277 m

GRÖSSTE STADT:
STRASS-BURG

287.000 Ew.

BELIEBTESTE REISEMONATE

JULI, AUGUST, SEPTEMBER, DEZEMBER

3 UNESCO-WELTERBESTÄTTEN, 1 UNESCO-WELTDOKUMENT

Grande Île, La Neustadt (beide Straßburg), Neuf-Brisach sowie Sammlung Beatus Rhenanus in der Humanistenbibliothek Sélestat

BERÜHMTE ELSÄSSER

Albert Schweitzer (Arzt und Philosoph)
Tomi Ungerer (Zeichner und Schriftsteller)
Marcel Marceau (Pantomime)
Arsène Wenger (Fußballtrainer)

HÄUFIGSTE NACHNAMEN

Muller (27), Meyer (58), Schmitt (75)
(Rang in Frankreich)

DAS ELSASS VERSTEHEN

BIERWUNDER

Das Elsass war schon immer ein Bierland. Im 19. Jh. besaß Straßburg über 60 Brauereien. Wie überall begann mit der Industrialisierung der Niedergang der kleinen Brauereien und der Siegeszug der großen. Das bekannteste Beispiel hierfür ist Kronenbourg, wahrscheinlich das meistgetrunkene Bier ganz Frankreichs. Meteor in Hochfelden konnte sich als einzige große Familienbrauerei behaupten. Mit der Mikrobrauerei Uberach begann das Elsässer Bierwunder. Heute gibt es zig Brauereien, die mit der Elsässer Hopfensorte Strisselspalt Pils, Lager und IPA brauen.

BIO? LOGISCH!

Im Gegensatz zum Rest der Grande Nation ist das kleine Elsass beim Thema Bio top, wie das Beispiel des Passivhauses in Cosswiller *(heliodome.com)* zeigt – es funktioniert wie eine Sonnenuhr. Im Elsass gibt es Biomessen, Biorestaurants, Biobauern sowie Geschäfte und Supermärkte, die sich auf Bio spezialisiert haben, und fast 400 Biowinzer. Den Winzern wird der Weinbau ohne Chemie leicht gemacht, denn das Elsass ist das trockenste Weingebiet Frankreichs, sodass Pilzbefall durch Feuchtigkeit kaum auftritt. Andere Gründe liegen in den Anti-Atom-Demos der 1970er-Jahre. Diese schärften, wie in Deutschland auch, die Sinne für Natur- und Umweltschutz. Schweinepest und Rinderwahnsinn taten dann ein Übriges, um Nahrungsmittelproduzenten zum Umdenken zu bewegen. Einige Produzenten sind auch bei Slow Food *(schnackala68.free.fr, facebook.com/schnaeckele)* aktiv.

ALTE STEINE

Die Kelten bauten steinerne Fluchtburgen, aber ernst mit den Burgen wurde es erst mit den Staufern. Nach der Zersplitterung des Herzogtums setzte ein regelrechter Bauboom ein, jeder Landadlige baute sich seine Burg. Die Felsennester wurden in diversen Kriegen gründlich demoliert, was zur Folge hatte, dass die über 100 Ruinen heute wunderbarer Stoff für alle Romantiker sind. Auch Vaubans Zitadellen wie in Neuf-Brisach, kaiserliche Festungen wie in Mutzig und die Forts der Maginot-Linie erwiesen sich als nutzlos. Viele sind heute zu besichtigen.

ZWEISPRACHIGKEIT

Nach der deutschen Besatzung 1940–1944 war die elsässische Mundart nicht mehr chic und die Zahl der Dialektsprecher nahm stetig ab. Heute weiß nur noch ein Drittel der 1,8 Mio. Elsässer, was *Bratzala* (Brezel) und *Stuwa* (Stube) bedeuten. Da nur noch jedes zehnte Kind eine bilinguale Schule besucht, wird dem Dialekt keine Zukunft prophezeit. Aber Totgesagte leben länger: Im Alltag hört man oft das sogenannte Heckenwelsch, ein Mischmasch aus Dialekt und Französisch, das mit einem *hopla* (was so gut wie alles heißen kann) gewürzt wird.

Die Mundartaktivisten haben sogar eine eigene Behörde *(olcalsace.org)* und freuen sich an der elsässischen Wikipedia, an Asterix-Bänden auf Elsässisch und am saftigen Mundarttheater. Viele Familien sprechen zu Hause noch die alemannische *Heimatspròch*.

DER TRAM

Bis nach dem Zweiten Weltkrieg hatte so gut wie jede Stadt ihr Straßenbahnnetz; das Straßburger maß gar stolze 83 km. Die Konkurrenz billiger Busse führte zur Stilllegung aller Linien. 1960 rollten in Mulhouse und Straßburg die letzten Bahnen, begleitet von Kindern, die zum Abschied Blumen auf die Gleise streuten. Keine drei Jahrzehnte später wurde das Thema wieder aktuell – Autos raus, Tram rein. Seit 1994 schnurrt *le tramway* (darum auch „der Tram" im Dialekt) wieder umweltfreundlich durch Straßburg, seit 2006 auch durch Mulhouse. Waggons und Haltestellen sind Meisterwerke des Designs, für deren Gestaltung man Künstler wie Daniel Buren (Mulhouse) oder Zaha Hadid (Straßburg) verpflichtete. Straßburgs Linie D fährt seit 2017 sogar bis ins deutsche Kehl.

DAS IST SPITZE!

Ein kleines Volk kennt keine Großmachtphantasien. Dafür mehrten die Elsässer dank Generälen wie Jean-Baptiste Kléber oder Jean Rapp Frankreichs Glanz und Gloria. Diese Zeiten sind vorbei – heute sorgen sie gastronomisch für Aufsehen: Wenn landesweit die besten Handwerker gekürt werden, die *Meilleurs Ouvriers de France* (kurz MOF), stellen oft die Elsässer die Sieger. Aktuell ist Julie Unterreiner aus dem Südelsass die beste Nachwuchsbäckerin.

Français oder Deutsch, Heckenwelsch oder *Heimatspròch:* In Sprachfragen ist man pragmatisch

Straßburgs wilhelminischer Bahnhof präsentiert sich heute glasüberkuppelt

GUTER HANSI, BÖSER HANSI

Der Colmarer Zeichner Jean-Jacques Waltz (1873–1951) hat als „Onkel Hansi" seine Heimat als das „glückliche Elsass" verewigt und sich über alles Deutsche lustig gemacht. Mehr Idylle auf der einen Seite und mehr Häme auf der anderen ging nicht. So viel Idylle wie hier ist fast schon einzigartig. Kein Wunder also, dass seine Motive auf Postkarten, Postern, Tassen, T-Shirts usw. allgegenwärtig sind. Was heute kaum mehr einer auf dem Schirm hat, ist sein antideutsches Wirken zur Kaiserzeit. Das brachte ihn in den Knast. Den deutschen Tölpel und Spießer hat er oft genug in seinen Bildern verewigt und im Gegensatz dazu alles Blau-Weiß-Rote verherrlicht. Heute ist der Chauvinist Hansi vergessen, dafür sind seine süßen Bilder zur besten Werbung für das Elsass geworden, erst recht für die Deutschen.

WILHELM FOREVER

Während in Deutschland die Kaiserzeit so gut wie vergessen ist, bleibt sie im Elsass konstant im Gedächtnis. Dabei sind die Elsässer alles andere als Monarchisten. *Le Kaiser* war viel zu laut für die sensiblen Alemannen. Aber der Preuße trug nicht nur gerne Uniform, sondern hatte auch die Spendierhosen an. Als man ihm 1899 die Hohkönigsburg schenkte, ließ er sie als Märchenschloss im Stil der damaligen Zeit restaurieren. Auch für die Protzbauten in der Straßburger Neustadt – Kaiserpalast, Bibliothek, Bahnhof, Landtag – ist er verantwortlich. Seine Ära hat so viele Spuren hinterlassen, dass man ihn gar nicht vergessen kann, selbst wenn man wollte.

SCHLIMME FINGER

Das romantische Elsass mit seinen bunten Fachwerkhäusern schreit geradezu nach Kontra. Der weltweit bekannte Zeichner Tomi Ungerer (1931–2019) hielt es als junger Mann nicht in der Heimat aus, flüchtete um die halbe Welt – Fremdenlegion, per Anhalter durch Europa, mit dem Schiff nach Nordamerika, Werbezeichner in New York, Bauer in Irland – und kam als berühmter Künstler wieder heim. Anfangs wusste man im Elsass gar nichts mit „Dirty Tomi" anzufangen, heute verehrt man ihn, obwohl er auch eine entlarvend ätzende und eine gar nicht jugendfreie Seite hat. Auf sein Konto gehen nicht nur unkonventionelle Bilderbücher wie „Die drei Räuber", sondern z. B. auch Zeichnungen über den Alltag einer Domina. Aber er ist nicht der einzige schlimme Finger in der Kunst, andere subversive Freigeister im Idyll sind der „elsässische Andy Warhol" Raymond-Émile Waydelich mit seinen vermeintlich naiven Bildern, Christophe Hohler, der Bilder mit der Schlagkraft eines Boxers malt, oder Jak Umbdenstock mit seiner Street-Art – die ist voll im Trend.

UNE SCHNAPSIDEE?

Ein Lieblingssport der Elsässer ist das Schimpfen auf Paris. Egal ob Steuern, Sprachen- und Schulpolitik oder TGV, Gründe gibt es immer. Immer noch sorgt die Neustrukturierung von Frankreichs Regionen für Aufregung. Um die Verwaltung zu verschlanken und damit Geld zu sparen, mussten Frankreichs Regionen fusionieren. So kam zusammen, was nicht zusammengehört, denn Elsässer und Lothringer sind sich aus historischen Gründen nicht grün. Und obendrein musste auch die Region Champagne-Ardenne noch mit unters neue Dach. Viele Elsässer befürchten mit der Superregion Grand Est den Untergang ihrer besonderen Kultur. Sie nennen die Fusion *une Schnapsidee.* Anfang 2022 brachte eine inoffizielle Abstimmung ans Licht, dass die Elsässer doch lieber für sich wären. Das Thema bleibt also heiß.

KLISCHEE KISTE

DIE „DEUTSCHEN" FRANZOSEN

Für Franzosen ist das Elsass „wie Deutschland", nur dass sie nicht Deutsch sprechen müssen. Deutsche wiederum sind von der Lebensart begeistert und dass man auch ohne Französisch prima durchkommt. Fakt ist: *Les Alsaciens* sind große Patrioten, ja vielleicht sogar die größten: Sie halten die französische Sprache für die schönste, lieben *vin rouge* und verehren Napoleon. Wenn sie auf Paris und den französischen Zentralismus schimpfen, dann nur deshalb, weil sie sich als Musterschüler immer etwas mehr erhoffen und missverstanden fühlen.

SAUERKRAUTESSER

Die Elsässer essen immer *choucroute?* Stimmt nicht ganz. Die Pariser lieben es noch mehr (in den Elsässer Brasserien der Hauptstadt) und auch für viele andere Franzosen ist die *choucroute royale* ein formidables Sonntagsessen. Wahr ist allerdings, dass das meiste Kraut aus dem Elsass kommt und die Elsässer wahre Krautkünstler sind. Sie verwandeln Sauerkraut in *confit,* backen Brot damit, essen es zum Fisch ... Merke: Nur Touristen und Franzosen mampfen einen Berg Sauerkraut mit dreierlei Sorten Wurst und Fleisch bei 30 Grad im Schatten.

Wappenvogel Weißstorch: einst fast ausgestorben, ist er heute wieder vielfach zu bewundern

GUTE-LAUNE-VOGEL

Der Weißstorch bringt nicht nur die Kinder, sondern sorgt auch sonst für gute Laune. Zumindest im Elsass war der Storch schon immer heimisch und wurde zum Wappentier. Wie überall in Europa ging aber auch dort die Population zurück, bis 1974 der Tiefststand mit neun (!) Paaren erreicht war. Jeder Kirchturm und jeder Schornstein war verwaist. Mit Zuchtstationen und viel Tierschutz kommt jetzt auch der Storch zur Störchin, aktuell sind es wieder über 900 Paare, die zwischen Vogesen und Rhein nisten. Viele fliegen inzwischen gar nicht mehr die 20 000 km nach Afrika und wieder retour, sondern bleiben gleich da. Warum? Während einige von einer Entwöhnung ausgehen (drei Jahre in Gefangenschaft unterdrücken den Wandertrieb), sind andere überzeugt, dass es am Elsass und seinen *Storckadörfern* liegt. Da ist es am schönsten!

DER URWALDDOKTOR AUS DEM ELSASS

Der „Urwalddoktor" Albert Schweitzer (1875–1965) ist zwar in seinem Geburtsort Kaysersberg und seinem Wohnort Gunsbach bei Munster noch allgegenwärtig, aber er verschwindet mehr und mehr aus dem Bewusstsein der Elsässer. War das nicht ein Deutscher? Der Friedensnobelpreisträger von 1952 war ein typischer Elsässer, der seine Nationalität wechseln musste und trotzdem sich und seiner Heimat treu blieb. Sein Lebenslauf macht ihn zu einer sehr modernen Gestalt: Als Erster ging er nach Afrika und gründete in Gabun ein Krankenhaus. Davor lag ein radikaler Bruch. Der geniale Organist war zunächst evangelischer Pfarrer, studierte dann aber Medizin und verließ Europa. Ein anderer Landsmann steht in seiner Tradition: Der aus dem Sundgau stammende Louis Schittly ist Mitbegründer von

Médecins Sans Frontières (Ärzte ohne Grenzen). *schweitzer.org*

WO ALLES ANFING

Straßburger Zeitungen schreiben nicht nur Nachrichten, sondern auch Geschichte. Das Erscheinen der „Relation aller Fuernemmen und gedenckwuerdigen Historien" 1605 in Straßburg gilt als die Geburtsstunde der Zeitung. Ermöglicht wurde diese Innovation durch Johannes Gutenbergs Erfindung des Buchdrucks. Auch Gutenberg hat einen Bezug zu Straßburg, er lebte zeitweilig dort. 1995 wurde erneut Zeitungsgeschichte geschrieben: Das 1877 gegründete Traditionsblatt Dernières Nouvelles d'Alsace (Elsässische Neueste Nachrichten), kurz DNA *(dna.fr)* genannt, erschien als erste Zeitung Frankreichs auch im Internet, obwohl bis dato fast kein Franzose Internet hatte. Bis 2012 gab es die DNA sogar in einer deutschen Ausgabe.

LAND IM WEIHNACHTSRAUSCH

Im Advent gibt es überall im Elsass Weihnachtsmärkte, Weihnachtsgebäck, Weihnachtsbäume. Besonders in Sachen Baum ist man den übrigen Franzosen eine Nasenlänge voraus: Der Brauch des Weihnachtsbaums ist im Elsass schon seit 1521 verbürgt. Noch heute lassen einige Elsässer ihre Tanne von der Decke herabhängen, wie man es früher machte, damit die Ratten nicht an die Äpfel kamen. Durch geschicktes Marketing wird Frankreich seit Jahren verelsässert: Zigtausende Franzosen kommen Jahr für Jahr nach Straßburg und Colmar für ein paar Tage Weihnachten und gehen mit der Idee, dass Weihnachten nur mit Baum, *bredle* und *vin chaud* richtig ist.

MALGRÉ-NOUS

Dass man als Angehöriger eines Landes für sein Land kämpfen muss, ist normal. Aber als Bewohner eines besetzten Landes für das Land der Besatzer? Diese Erfahrung mussten 100 000 junge Elsässer machen, die im Zweiten Weltkrieg von Nazideutschland zum Kampf an der Ostfront gezwungen wurden. Von der französischen Republik kam keine Hilfe. Nach 1945 wurden diese *Malgré-nous* („Wider unseren Willen") lange verdächtigt, Kollaborateure zu sein – doppelt schlimm. Es dauerte lange, bis man in Frankreich die Tragik erfasste. Bis heute sitzt die Verletzung tief.

VERELSÄSSERT

Nur knapp drei Prozent aller Franzosen sind Elsässer. Umso größer ist der Ehrgeiz, der Welt zu zeigen, dass irgendwie doch alles verelsässert ist. Jede Woche berichten die Dernières Nouvelles d'Alsace darüber. Mit Fleiß wurde herausgefunden, dass Barack Obama und Brigitte Bardot von Elsässer Geblüt sind. Die ehemals schönste Frau Frankreichs hat einen Erasme Mertian (1775–1828) aus Ribeauvillé zum Vorfahr, in der Ahnenlinie des ehemaligen US-Präsidenten finden sich im 18. Jh. die Eheleute Gutknecht-Grünholtz aus Bischwiller. Am *Alsace Fan Day,* dem 24. Juni, können dann alle Elsässer weltweit feiern, wohin auch immer es sie verschlagen hat. Darauf ein *knack* und ein Bier!

ESSEN SHOPPEN SPORT

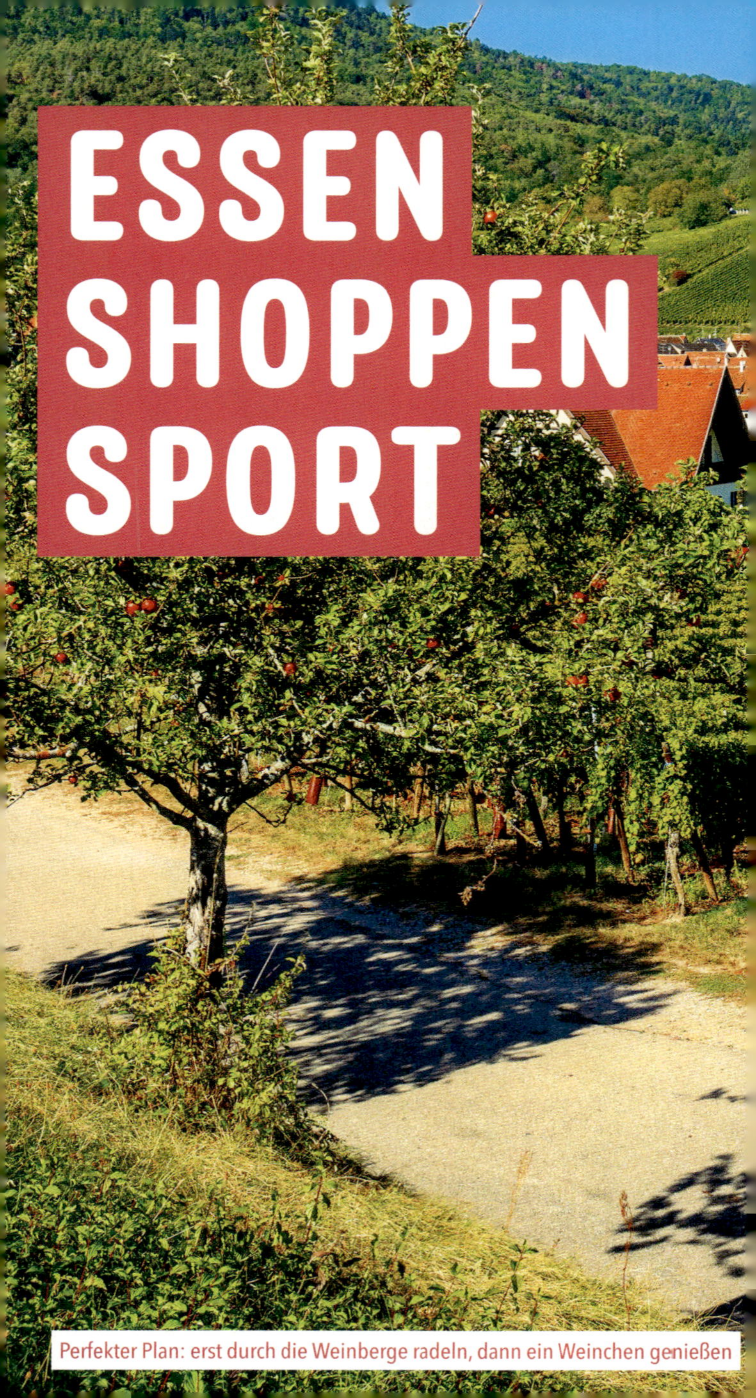

Perfekter Plan: erst durch die Weinberge radeln, dann ein Weinchen genießen

ESSEN & TRINKEN

Genießer dürfen sich freuen, denn die Küche im Elsass vereint das Beste aus zwei Welten: deftige Traditionsgerichte und feine französische *haute cuisine.*

FLEISCH IST IHR GEMÜSE

Sieben Sorten Fleisch und Wurst liegen auf dem zum *choucroute royale* aufgepimpten Sauerkraut! Zu viel? Wie wärs stattdessen mit Kalbskopf oder der *surlawerla* genannten sauren Leber? Die Elsässer Küche ist ein klarer Fall von rustikal. Gerichte wie die obigen haben im Elsass immer noch ihre Liebhaber. Das hat weniger mit der modernen Nose-to-Tail-Philosophie zu tun als mit der Liebe zur Tradition.

SPEZIALITÄTEN AUS DEM DORF

Genauso wie die Elsässer Fachwerk, Weinstuben und Butzenfenster lieben, hängen sie an den alten Gerichten. Eine Stadt mag noch so modern sein, *grumbeere* statt Fritten und *spaetzeles* statt Pasta stehen auf der Karte und in Ehren. Dass die Heimat gefeiert wird, ist hier nicht Zeitgeist, sondern Leitmotiv. Das Elsass hat seine kulinarische Prägung vom Dorf, dessen natürlicher Mittelpunkt der Bäcker war, der nach getaner Arbeit seinen Ofen den Dorffrauen zur Verfügung stellte. Diese zogen im Leiterwagen ihre Eintöpfe zum Bäcker, der sie in den noch warmen Ofen schob, wo sie stundenlang garten. So geht die Legende vom baeckeoffe, der mit Gemüse, Fleisch und viel Zeit zu einer der besonderen Spezialitäten des Elsass geworden ist.

DER HEISSE TIPP: FLAMMKUCHEN

Auch die andere große Spezialität, der Flamm(en)kuchen, ist den Bäckern zu verdanken. Obwohl er so gut wie immer auf Französisch auf der Karte steht, ist die *tarte flambée* urelsässisch. Die Erfolgsgeschichte geht so: Im Ko-

Am besten immer noch klassisch mit Zwiebeln, Speck und Crème fraîche: Flammkuchen (li.)

chersberg vor den Toren Straßburgs nutzten die Bäcker die enorme Hitze des frisch mit Buchenholz angefeuerten Ofens für ihren dünnen, mit Rahm und Speck bedeckten Teigfladen, der nur eine Minute brauchte, bis er gut war. Das Werk der Flammen ist nicht zu übersehen, am Rand verkohlt, auf der Oberfläche Blasen und der Boden hat schwarze Flecken. So muss er sein! Die *tarte flambée* hat es längst zum Nationalheiligtum der Elsässer geschafft. Obwohl die Confrérie du Véritable Flammekueche d'Alsace darüber wacht, macht doch jeder, was er will. Erlaubt ist, was gefällt, vom Vollkornboden bis zum Münsterkäse (spitze!) oder zur – na ja – Ananas.

REGIONALE KLASSIKER

Aber auch die anderen elsässischen Landschaften haben Spezialitäten hervorgebracht. Auf den winterrauen Hochvogesen ist es das deftige Melkeressen, das *repas marcaire*. Kassler und Salat sind noch am leichtesten zu schaffen, die Kartoffeln, die mit Zwiebeln und pfundweise Butter versetzt wurden, sind hingegen ein schwereres Kaliber. Dazu kommt Blaubeerkuchen mit Sahne und ein junger Münsterkäse mit Kirschwasser. Der Münsterkäse ist ebenfalls ein Kind der Vogesen; es gibt ihn in verschiedenen Reifegraden, je älter, desto mehr Nase. Erst wenn er 21 Tage gereift ist, darf der Rotschmierkäse sein AOC-Siegel tragen, was seine kontrollierte Herkunft beweist. Andere Regionen, denen das Elsass ein paar Spezialitäten zu verdanken hat, sind der wasserreiche Sundgau mit seinen Karpfen, Krautergersheim und Umgebung für den Weißkohl fürs Sauerkraut, die sandige Gegend um Hœrdt als Epizentrum des Spargels und das Nordelsass mit salzigen oder süßen Dampfnudeln und Saumagen. Und überall im Elsass gibt es die berühmte *charcuterie alsacienne* (Knackwurst, Presskopf etc.), die es oft in Bierkneipen auf dem Brettchen, der *planchette*, gibt.

DAS ERBE DER RÖMER

Alles rustikal, deftig, grob also? Gar nicht, das liegt an der Geografie und der Geschichte: Durch das Rheintal verliefen seit jeher wichtige Handelsstraßen und so kamen bereits im Mittelalter besondere Gewürze ins Land. Zudem spielt das Erbe der Römer, der Wein, eine tragende Rolle im kulinarischen Stück. Bekanntlich wird mit Wein schon immer besser gekocht, vor allem mit König Riesling. Ein Paradebeispiel dafür ist der *coq au riesling*, der seine alemannischen Einflüsse – mit viel Sauce, Nudeln und üppig portioniert – gar nicht leugnen kann. Und zum guten Schluss hat die französische Hochküche ihre feinen Spuren hinterlassen, eine beeindruckende Zahl von Spitzenköchen spricht für sich.

Kugloff, Gugelhupf, Kougelhopf: so viele Schreibweisen wie Rezepte

FRANKREICHS EINFLUSS

Die französische Lebensart wirkt sich bis in die Sitten aus. Wer in ein Restaurant, eine *Winstub* oder die moderne Variante *bar à vin* geht, ist immer gut beraten, beim Kellner nach einem freien Platz zu fragen, sogar wenn die Kneipe leer ist. Alles andere wird eigentlich nicht verziehen. Beim Bezahlen gibt es in aller Regel nur eine Rechnung, auch typisch französisch. Französisch ist auch das Angebot an Weinen. Wein gehört zum Essen und zum Essen gehört Wein. „Ganz wichtig ist, dass alles in Balance mit dem Wein bleibt. Die Harmonie ist entscheidend", sagt Starkoch Marc Haeberlin. Eine große Weinkarte muss also sein, so lautet das ungeschriebene Gesetz der Franzosen. Dass das Elsass mit seinen traditionellen Sorten Riesling, Pinot blanc, Pinot gris, Sylvaner, Gewürztraminer, Muscat und der Cuvée Edelzwicker („Edel") erste Wahl ist, hat seine Logik. Eine gute Weinkarte ist aber immer um Bordeaux und Burgund ergänzt, weil das die Spezialisten für *rouge* sind.

SÜSS GEHT IMMER

Bei den Desserts ist die französisch-elsässische Durchdringung perfekt. Alemannische *tartes* mit Zwetschgen, Äpfeln und Birnen und der geeiste *kugloff* sind genauso ein Muss wie ein urfranzösischer *fondant au chocolat* oder eine *crème brûlée*. Eine gute Wahl ist der *café gourmand*: Dessertvariationen und dazu ein Espresso. Danach muss das *trou alsacien* (Elsässer Loch) gefüllt werden – und zwar mit Schnaps!

Unsere Empfehlung heute

Hors-d'œuvre

DEMI-DOUZAINE D'ESCARGOTS
Halbes Dutzend Weinbergschnecken, mit Kräuterbutter gratiniert

FOIE GRAS D'OIE
Gänsestopfleber

CRÈME D'ASPERGES
Spargelcremesuppe

SALADE DE PISSENLIT
Löwenzahnsalat

Plats de résistance

CHOUCROUTE AUX TROIS POISSONS
Sauerkraut mit dreierlei Fisch

CARPE FRITE
Frittierter Karpfen

MATELOTE
Ragout aus heimischen Flussfischen mit Weißwein

QUENELLES DE BROCHET
Hechtklößchen

FLEISCHSCHNACKA
Mit Brät gefüllte Schneckennudeln, in Brühe gekocht

TOURTE VIGNERONNE
Gebackene Fleischpastete mit grünem Salat

TARTE À L'OIGNON
Zwiebelkuchen

BOUCHÉE À LA REINE
Königinpastete mit Ragout fin

COQ AU RIESLING
Huhn in Riesling

JARRET BRAISÉ AU MUNSTER
Geschmorte Haxe in Münsterkäsesauce

TÊTE DE VEAU SAUCE GRIBICHE
Gekochter Kalbskopf mit einer Sauce aus Kapern, Gewürzgurken, Senf und hart gekochtem Ei

Desserts

TARTE AUX POMMES
Apfelkuchen

TARTE AUX MYRTILLES AVEC CRÈME CHANTILLY
Blaubeerkuchen mit Sahne

KOUGLOF GLACÉ
Geeister Gugelhupf

SIASSKAS AU KIRSCH
Gesüßter Frischkäse mit Kirschwasser

SHOPPEN & STÖBERN

Plüschstorch, Steingut oder Hansi-Bild? Es geht auch origineller. Feinschmecker, Weintrinker, Liebhaber von Kunsthandwerk und Antiquitäten sowie Modefans rennen im Elsass offene Türen ein. Lass also ordentlich Platz im Kofferraum – natürlich für Wein, aber auch für Stilvolles aus einem Handwerksatelier oder Kurioses vom Flohmarkt.

FÜR ZUNGE & GAUMEN

Der Bauer auf der Alm hat Speck und Käse aus eigener Produktion, bei Winzern, Schnapsbrennern und Weinhändlern bekommst du Weine und *eaux de vie* wie *kirsch, quetsche* (Zwetschgenwasser), *framboise* (Himbeergeist) und *mirabelle*. Für Wow-Effekte sorgen die vielen *pâtisseries;* die besten heißen Bockel, Gilg, Mulhaupt und Rebert. Eine Shoppingwelt für sich sind Hofläden wie die von Riedinger und Dollinger (beide in Hœrdt) oder die Ferme Maurer in Dorlisheim und Dachstein, wo die Schubkarre den Einkaufswagen ersetzt. Ein guter Hofladen hat Apfelsaft, Cidre, Konfitüren, Eingewecktes und Obst und Gemüse (oft auch alte, sonst kaum noch zu findende Sorten) – regional, saisonal und zu fairen Preisen.

INSIDER-TIPP
Shopping mit der Schubkarre

HANDGEMACHT

Das Elsass ist ein Land der (Kunst-)Handwerker. Elsässer Steingut ist berühmt, die wichtigsten Orte *Soufflenheim* und *Betschdorf* liegen nah beieinander. Überall im Elsass finden sich Töpfer, Schmiede, Schnitzer, Gitarrenbauer, die oft auf Festen mit ihren Ständen präsent sind. Ein anderer Fall sind die rund 140 Kunsthandwerker von Motoco *(motoco.fr)* – der Name leitet sich ab vom englischen „More to come" – aus Mulhouse: Die sind moderner.

Ob Kirsch, Quetsche, Mirabelle oder Birne: Die Elsässer Obstwässer sind legendär (re.)

STÖBERN NACH NOSTALGISCHEM

Die Elsässer sind als gute Franzosen verrückt nach Gebrauchtem, nach Antiquitäten und Schnäppchen. Ihre Flohmärkte *(vide-greniers, marché aux puces)* nehmen oft fast das ganze Dorf ein. Andere Schnäppchenorte sind das Antiquitätendorf *Village des Antiquaires (4, Rue de la Gare | Sa/So 14–18 Uhr)* in Benfeld, *Alsace Antiquités (21, Rue de Molsheim | Mo–Fr 14–19, Sa 10–18 Uhr)* in Straßburg oder die Secondhandboutiquen von *Emmaüs (emmaus-france.org),* die es im ganzen Elsass gibt. Ein Tipp für Radler: Die Radsportnation hat ein Überangebot an erstklassigen Rennrädern *(vélos de course)* im Retrostyle.

AUS STOFF & LEDER

In Sachen Mode ist Paris der Leuchtturm, doch Straßburgs Modegeschäfte verstehen die Signale. Der Blick ins Schaufenster zeigt, wie das Land tickt: *très chic.* Made in Elsass sind die Schuhe von *Heschung,* die vormals von Wanderern und Jägern getragen wurden. Heute wird die Edelmarke wegen Qualität und Eleganz geschätzt. Im Secondhandshop oder beim Ausverkauf, den *soldes,* wird aus teuer billig.

ELSASS FÜR ZU HAUSE

Kaum eine andere Weltgegend beschäftigt sich so hingebungsvoll mit der eigenen Heimat und Identität wie das Elsass. So gibt es unzählige Zeitschriften, Bücher und Bildbände über Geschichte, Essen und Trinken sowie berühmte Persönlichkeiten. Typische Motive finden sich u.a. auf Schlüsselanhängern, Bier- und Weingläsern sowie Bierdeckeln. Antiquitätengeschäfte, Flohmärkte und Boutiquen wie *Bretzel Airlines* oder *Avenue d'Alsace* (Tischwäsche, Kissenbezüge, Küchenschürzen etc.) in Colmar feiern die Elsässer Klischees.

SPORT

Wandern ist auch im Elsass das Megathema. An Wegen herrscht kein Mangel, genauso wenig an Zielen. Burg, See oder Berg? Das Sportangebot ist riesig, mal wird man nass, oft kommt man ins Schwitzen. So lassen sich die Kalorien der etwas üppigen Regionalküche prima wieder abarbeiten.

WANDERN

Wandern im Elsass ist untrennbar mit dem *Vogesenclub (club-vosgien.eu)* verbunden, der 20 000 km Wanderwege unterhält und fast jedes Wochenende Wanderungen veranstaltet, von gemütlichen 5-km- bis zu anspruchsvollen 30-km- oder 24-Stunden-Märschen. Je nach Region sind die Wanderungen mal mehr, mal weniger anspruchsvoll, ein steiler Aufstieg gehört jedoch so gut wie immer dazu. Von Wanderparkplätzen gehen häufig Rundwanderwege mit einer Gehzeit zwischen einer und zwei Stunden ab, selten länger. Die Beschilderungen sind gut, aber sehr bunt. Den feinen Unterschied bemerken aufmerksame Wanderer westlich der historischen Grenze: Dort ist die Beschilderung merklich ausgedünnt.

Was häufig fehlt, sind Einkehrmöglichkeiten, die gibt es zahlreich nur in den Hochvogesen *(fermeaubergealsace.fr)*. Hütten *(abri, kiosque)* als Unterstände oder fürs Picknick gibt es aber genug. Im Südelsass hat der Vogesenclub zehn Holzhütten *(Chalets de la Doller)* für jedermann gebaut, manche sogar mit Grill *(club-vosgien-masevaux.fr)*.

Neben den lokalen Wanderwegen gibt es Themenwege, die geologische Phänomene oder Sagen behandeln. Außerdem führen der *Jakobsweg (saint-jacques-alsace.org)*, der 450 km lange und mit 80 Burgen gespickte *Burgenweg (chateauxfortsalsace.com)*

20 000 km Wanderwege locken in den Vogesen – und das sind nur die ausgewiesenen!

und der *Fernwanderweg GR 5 (gr-infos.com/gr5d.htm)* durchs Elsass.
Immer populärer werden gemütliche Genusswanderungen *(sentier gourmand, balade gourmande, marche gourmande)*. Wenig laufen, viel essen, dazu Wein: Dieser Dreiklang zieht im August in Scherwiller die Massen an *(sentier-gourmand.com)*. Nordic-Walking-Stöcke werden oftmals vom Office de Tourisme verliehen. Wer von Hotel zu Hotel wandern möchte, kann das im Tal von Kaysersberg tun. Der Gepäcktransport wird von den Hoteliers übernommen *(horizons-alsace.com)*.

KLETTERN

Das Nahziel für Straßburger Kletterer ist das *Kronthal*, ein ehemaliger Sandsteinbruch zwischen Marlenheim und Wasselonne. Die meisten der 50 Klettergebiete *(escalade-alsace.com)* liegen in den Nordvogesen. Die Buntsandsteinfelsen dort sind meist bis zum Gipfel zu besteigen und oft sind diese noch von Burgen gekrönt, wie zum Beispiel die Felsen an der Pfälzer Grenze. Einige wenige Kletterfelsen liegen im Zentralelsass – wie der Falkensteiner Felsen *(Rocher de Falkenstein)* an der Weinstraße bei Dambach-la-Ville und weiter südlich bei Gueberschwihr – und auch in den Hochvogesen am Lac Blanc. Einen ähnlichen Thrill bieten Hochseilgärten wie der in Breitenbach *(parc-alsace-aventure.com)* mit seiner 3 km langen Seilrutsche, dem 35 m hohen Turm zum senkrechten Hinabgehen (!) und weiteren Parcours.

CANYONING

Rutschige Felsen, tiefe Wasserfälle – hallo Abenteuer! In den Vogesen rauschen der Wildbach und das Adrenalin in den Adern, wenn es am Seil eine Schlucht bergab geht. *Aventure &*

Canyoning Agency | aventurecanyon.com

LAUFEN & MARATHON

Wie das große Vorbild in Bordeaux ist auch der *Marathon du Vignoble d'Alsace (marathon-alsace.com),* der Weinbergmarathon Anfang Juni, eine lustige Sache: An den Start geht man kostümiert als Obelix oder Elvis oder Biene Maja (oder was auch immer); während des Laufs gilt es, zwölf Stationen mit Wein und kulinarischen Spezialitäten zu überstehen. Wesentlich härter ist dagegen der *Querfeldeinlauf (lesvosgirunners.com)* in Niederbronn-les-Bains. Die Läufe finden im April und September über mehrere Distanzen statt (72, 53 und 25 km). Zudem gibt es etliche „normale" Läufe wie den *Benefizlauf* (Marathon und Halbmarathon) in und um Colmar im September mit Konzerten und Spätzleparty *(marathon-colmar.fr)* und die *Courses de Strasbourg Europe (coursesdestrasbourg.eu)* für Geher, Nordic Walker und Läufer. Für alle offiziellen Läufe ist ein Gesundheitsattest Pflicht. Weiter im Angebot sind Cross- und Ultra-Trails durch die Nacht, durch Weinberge und auf verschneite Gipfel. Das volle Programm: *alsace-en-courant.com*

INSIDER-TIPP
Als Obelix durch die Weinberge rennen

FAHRRADFAHREN

Fand Radfahren in Frankreich früher nur mit dem Rennrad auf Panoramastrecken statt, so ist es heute ein Volkssport, ob mit Mountainbike (VTT, *vélo tout terrain*), Trekkingbike (VTC, *vélo tout chemin*) oder mit dem E-Bike (VAE, *vélo à assistance électrique*). Fast jedes Office de Tourisme verleiht Räder, auch Fachhandel, Hotels und sogar Winzer machen mit *(alsaceavelo.fr).* Für Radler gibt es immer mehr markierte Fahrradwege, Werkstätten und Events wie den autofreien Sonntag *Slowup (slowup-alsace.fr)* an der Weinstraße: 30 km sind dann für die Pedalierer reserviert und für Autos gesperrt. Kulinarische Stationen gehören natürlich dazu. Dresscode: weiße Kleidung, eine Hommage an die Elsässer Weißweine. Mountainbiker finden in den Vogesen das große Abenteuer, z. B. rund um La Petite-Pierre, im Bikepark in Muhlbach-sur-Bruche oder südlich in den Hochvogesen am Lac Blanc eine knackige Downhillstrecke mit Rad- und Helmverleih *(lacblanc-bikepark.com).* Beim Veranstalter *Elsass'Bike (elsassbike.fr)* ist die ganz harte Tour angesagt: Die Rennen heißen Ultra (130 km), Marathon (110 km) oder Challenge (90 km). Ganz entspannt dagegen ist das Radeln auf einer aufgegebenen Bahnstrecke (z. B. im Weilertal) oder das Breuschtal abwärts Richtung Straßburg *(rando-bruche.fr).* Die Website *radfahrenimelsass.de* informiert über alle Ausleihstationen und hat Tipps für Badeseen oder den nächsten Weinkeller. Wichtig zu wissen: Außerorts müssen Radfahrer bei Dunkelheit eine Warnweste tragen.

INSIDER-TIPP
Der perfekte Sommersonntag

REITEN

Über die ganze Region sind Pferdehöfe *(fermes équestres)* verteilt sowie

Wege, die für Reiter ausgewiesen sind. Verschiedene Veranstalter bieten zudem organisierte Ausritte an. Hier ist vor allem der Sundgau stark. *cheval sace.com*

ANGELN

Angler brauchen keinen Angelschein, es reicht eine *carte de pêche,* erhältlich im Rathaus, Tabakgeschäft oder im Internet *(peche67.fr, peche68.fr).*

KANU, KAJAK & WINDSURFEN

Für Kanuten ist das Elsass so etwas wie das gelobte Land. Im Grand Ried gibt es neben der Ill viele Wasserläufe und Kanäle, ebenso in und um Straßburg (Ill, Rhin Tortu) und im Nordelsass kannst du auf Lauter, Moder, Zorn und Saar paddeln. Ausleihstationen befinden sich in *Illhaeusern (Canoës du Ried | canoes-du-ried.com)* und in *Ostwald (alsace-canoes.com).* Wer's schneller mag: In Lauterbourg kannst du sogar elektrische Surfbretter ausleihen *(alsasurf.com).*

BALLONFAHREN, DRACHENFLIEGEN & FALLSCHIRMSPRINGEN

Für die einen ist es eine Mutprobe, für die anderen ein Sport wie jeder andere auch, nur dass man dabei einen etwas anderen Blick auf die Welt wirft: Im Straßburger *Aérodrome du Polygone (alsace-para.com)* lässt sich das Fallschirmspringen lernen – aus 4000 m Höhe. Flüge mit dem Heißluftballon werden im Zentralelsass angeboten, Startort ist im Münstertal *(aerovision-montgolfiere.com).* Drachenfliegen (auch zu zweit) bietet das *Centre École du Markstein (centreecole markstein.com)* an.

Im Grand Ried finden sich jede Menge familiengerechte Paddelgewässer

DIE REGIONEN IM ÜBERBLICK

Sarre
Wildromantische Natur und feine Adressen entdecken

FRANCE

Glücklich werden mit Kunstschätzen, Fachwerk und Wein

Thur

20 km
12.43 mi

Wissembourg
NORDELSASS S. 40
le Rhin
Haguenau
Saverne
STRASSBURG S. 56
lolsheim
DEUTSCHLAND
Eine geschichtsträchtige Stadt und ihr Savoir-vivre genießen
COLMAR & WEIN-STRASSE S. 76
Sélestat
Rhein
Colmar
MULHOUSE & DER SÜDEN S. 98
Mulhouse
Gegensätze erleben in Großstadt, Hochvogesen und Hinterland
SCHWEIZ

NORDELSASS

LANDLEBEN ISCH PRIMA

Der Pulverdampf der großen Schlachten des französisch-preußischen Kriegs von 1870 hat sich längst verzogen und über allen Gipfeln und Wiesen ist Ruh: Das Nordelsass ist heute heimelig, friedlich, idyllisch. Die Städte pulsieren nicht, sondern sind wie Saverne oder Wissembourg zufriedene Provinzschönheiten.

Die grüne Grenze zur Pfalz ist nicht weit und die roten Sandsteine im Naturpark Nordvogesen sind es auch nicht. Das Nordelsass mit sei-

Wenn der Nebel wabert, ist es doppelt gemütlich in der Wirtschaft vom Château du Haut-Barr

nen Burgen, Streuobstwiesen und Felslandschaften ist ein Glücksfall für Spaziergänger, Wanderer, Kletterer, Mountainbiker und Entdecker, ganz besonders im Herbst, der hier wie ein Indian Summer leuchtet.
Frische Luft macht hungrig. Die vielen Restaurants und Weinstuben in den Fachwerkdörfern sprechen Bände von Kochkunst und Geselligkeit. Wie sagt's der Nordelsässer, der häufig noch Dialekt kann? Installiert euch!

MARCO POLO HIGHLIGHTS

★ **WISSEMBOURG**
Le Bruch, Le Schlupf und die Altstadt: eine Komposition aus Wasser und Stein ➤ S. 44

★ **CHÂTEAU DE FLECKENSTEIN**
Weitblick und Wanderglück an markanter Stelle ➤ S. 46

★ **MUSÉE LALIQUE IN WINGEN-SUR-MODER**
Glas und Schmuck im Luxusmuseum des Frauenverstehers ➤ S. 54

★ **LA PETITE-PIERRE**
Eine Burg, Bistros und Wald, so weit das Auge reicht ➤ S. 54

★ **TIERPARK SAINTE-CROIX IN RHODES**
Den „Ruf der Wildnis" gibt es wirklich. Folg ihm in diesem sehr weitläufigen Tierpark! ➤ S. 55

★ **BETSCHDORF & SOUFFLENHEIM**
Lebendiges Handwerk in den zwei Töpferdörfern ➤ S. 50

★ **MARINA IN SAVERNE**
Chillen am Wasser und vor prächtiger Schlosskulisse ➤ S. 53

★ **GRAUFTHAL**
Hartes Leben – die Felsenwohnungen waren früher tatsächlich bewohnt
➤ S. 53

★ **SCHIFFSHEBEWERK PLAN INCLINÉ**
Schauen, wie Schiffe bergauf fahren
➤ S. 55

WISSEMBOURG

(G2) **Zwischen Blumen und Honig, Wurst und Käse, Brot und Brioche mischen sich jeden Samstagmorgen auf dem Wochenmarkt in der Grenzstadt ★ Wissembourg (8000 Ew.) die Sprachen.**
Kaum hat sich der Markt verlaufen, strömen die Menschen übers Kopfsteinpflaster zu „ihrer" *Winstub* oder ins Lieblingscafé. Zur kulinarischen Lust gesellt sich noch die Augenlust, die mit etlichen Gebäuden ordentlich Futter bekommt. Die Stadt, die sich im 7. Jh. aus einem Kloster entwickelte, lässt sich gut zu Fuß erkunden oder mit dem Touristenbähnchen, das bis zum Deutschen Weintor hinter der Grenze tuckert.

SIGHTSEEING

ALTSTADT

Weil im Mittelalter die Fläche der Häuser besteuert wurde und nicht die Höhe, haben die findigen Weißenburger ihre Häuser auf die Spitze getrieben. Die 1430 erbaute *Maison du Sel* (Salzhaus) ist das imposanteste, aber nicht das einzige mit einer aberwitzigen Dachschräge. Aber auch im Kleinen ist Wissembourg hübsch, z. B. auf der kleinen Brücke *Le Schlupf (Rue de Passerelle)* über die Lauter. Spätestens hier schließt man das „kleine Straßburg" in sein Herz. Es gibt auch einen ausgeschilderten Stadtspaziergang zu allen Sehenswürdigkeiten.

LE BRUCH

Der Bruch ist ein relativ „neuer" Stadtteil, der im 15. Jh. außerhalb der Stadtmauern dem Sumpf abgerungen wurde. Prächtige Patrizierhäuser, der *Husgenossenturm* und die *Maison de l'Ami Fritz* im Stil der Renaissance säumen die Lauter.

SAINTS PIERRE ET PAUL

Mit ihren romanischen und gotischen Kirchtürmen und dem unvollendeten Kreuzgang ist sie eine der bemerkenswertesten Kirchen im Elsass. Im Innern gibt es monumentale Fresken zu bestaunen und eine Rosette, die nachmittags ein wunderbares Licht wirft. *Rue du Châpitre*

ESSEN & TRINKEN

HOSTELLERIE AU CYGNE

In dieser alten, edlen Stube gibts nicht nur Klassiker wie Wild und Sauerkraut, sondern auch Seefisch und Jakobsmuscheln. Elsässer Heimeligkeit plus französische Haute Cuisine! *3, Rue du Sel | Tel. 03 88 94 00 16 | So-Abend, Di-Abend und Mi geschl. | hostellerie-cygne.com | €€*

INSIDER-TIPP
Wunderbare Melange

AU PETIT DOMINICAIN

Die Einrichtung ist Geschmackssache, aber beim Essen bleibt man sich treu: Wildschwein, Hasenpfeffer und eine göttliche Lammhaxe, die sieben Stunden im Ofen schmurgelt, machen die Entscheidung schwer. *36, Rue Nationale | Tel. 03 88 94 90 87 | Mo/Di und Sa-Mittag geschl. | restaurant-lepetit dominicain.fr | €*

MOULIN DE LA WALK

Endlich mal was Leichtes! Französische Küche geht auch mit wenig Sahne, trotzdem schmeckts superlecker. Die alte Mühle ist modern eingerichtet, aber auf der Karte werden Frankreichs Klassiker geehrt, z. B. Froschschenkel und, wer das nicht mag, Forelle, Kabeljau oder Zander. Hier schwimmt der Fisch in Riesling! *2, Rue de la Walk | Tel. 03 88 94 06 44 | Mo/Di und So-Abend geschl. | moulinwalk.com | €–€€*

SHOPPEN

Von Hand geschmiedete Messer, Apfelsaft von der Streuobstwiese, frischer Fisch, Elsässer Charcuterie oder Ziegenkäse? Oder ein Strauß Blumen und Seifen aus Marseille oder Aleppo? Jeden Samstagmorgen bekommen Genießer hier auf dem Markt ihr Rund-um-sorglos-Paket geschnürt. Beim Stand der *Ferme Heil* gibt es nicht nur den einmaligen Kartoffelkuchen aus gekochten Grumbeeren, sondern auch Hefezopf und mehr. Unbedingt probieren! Wer zu spät kommt, geht am besten in die edle *Pâtisserie Rebert (7, Place du Marché aux Choux)* oder zu *Laurent Criqui (6, Rue de la République)* und genießt dort die Spezialität Nummer eins: *kougelhopf.*

INSIDER-TIPP
Markterlebnis Grumbeerenkuchen

SPORT & SPASS

BACKKURSE

Konditor Daniel Rebert macht aus seiner Kunst kein Geheimnis und gibt Kurse im Backen, z. B. von Cakes oder Macarons. *Pâtisserie Rebert | 7, Place du Marché aux Choux | Tel. 03 88 94 01 66 | rebert.fr*

Die Maison du Sel: Was siehst du – Dachschräge oder Steuersparmodell? Beides!

WEINPROBE

Willkommen im Weißweinland! Bei der *Winzergenossenschaft Cléebourg (Route de Vin | Mo–Fr 8–12 und 13.30–18, Sa 8–12 und 14–18 Uhr Uhr | cave-cleebourg.com)* kannst du dich prima ins Thema eintrinken – kostenlos!

RUND UM WISSEMBOURG

1 CHÂTEAU DE FLECKENSTEIN ★

20 km westlich von Wissembourg/ 25 Min. über Lembach

Erobert, zerstört, wieder aufgebaut und wieder zerstört: Von der Ruine der Burg Fleckenstein reicht der Blick über Nordvogesen und Pfälzer Wald, die hier ohne erkennbare Grenzen zusammenwachsen. Der Vier-Burgen-Wanderweg, der auch über deutsches Gebiet verläuft, führt am Hotelrestaurant *Gimbelhof (Tel. 03 88 94 43 58 | Mo/Di geschl. | gimbelhof.com | €)* vorbei. *Juli/Aug. tgl. 10–18, Mitte März–Juni und Sept./Okt. 10–17.30, Jan.–Mitte März So 12–16 Uhr | fleckenstein.fr |* *F2*

2 DELTA DE LA SAUER

25 km bis Munchhausen südöstlich von Wissembourg/30 Min. über die D 3 und D 89

Schmetterlinge, Orchideen, Herbstzeitlosen: Das wasserreiche Sauerdelta gibt der Natur im nordöstlichsten Zipfel Frankreichs ein ganz eigenes Gesicht. Jeden Herbst landen hier 150 Störche auf ihrem Weg gen Süden, im Mai/Juni sieht man Glühwürmchen. Tourenvorschläge am Parkplatz. *H3*

INSIDER-TIPP
Landeplatz der Störche

3 HUNSPACH & SEEBACH

10 km bis Hunspach südlich von Wissembourg/15 Min. über die D 263

Schöne Fachwerkhäuser, Blumen, lauschige Höfe und keine Bausünden: Nirgendwo schaut es authentischer aus als in Hunspach und Seebach. Welches Dorf ist schöner? Sicher ist, dass Seebach durch die Streisselhochzeit bekannter ist. Bei diesem größten Volksfest des Elsass erfährt man, wie in alter Zeit geheiratet wurde. Seebach ist zudem für Weinfreunde wie ein Lottogewinn: Weinproben sind hier ein Vergnügen! „Eifach die Zunge neihänge lasse", rät Winzer Peter Jülg *(Maison Jülg | 116, Rue des Églises | Tel. 03 88 94 79 98 | vins-julg.fr)*, der auf trockene Weine spezialisiert ist. Schräg gegenüber in der alten Scheune *La Vieille Grange (Tel. 03 88 53 18 40 | Di/Mi und mittags geschl. | lavieillegrange seebach.com | €)* gibt es Zünftiges und einmal im Monat Konzerte. *G3*

INSIDER-TIPP
Weinprobe beim Biowinzer

4 OUVRAGE DE SCHŒNENBOURG

11 km südlich von Wissembourg/ 15 Min. über die D 264

Weil Frankreich nach dem Ersten Weltkrieg eine deutsche Revanche befürchtete, baute es an seiner Ostgrenze eine Kette von unterirdischen

Trachten, Traditionen, Trubel: Streisselhochzeit in Seebach

Festungen: die Maginotlinie. Im Blitzkrieg 1940 wurde das Bollwerk von der deutschen Wehrmacht umgangen und blieb so gut wie unversehrt. Das *Artilleriewerk Schœnenbourg* kann als eines der wenigen besichtigt werden. In bis zu 30 m Tiefe befinden sich Küche, Lazarett, Kraftwerk und Werkstätten. Auch eine Schmalspurbahn wurde gebaut. *Rue Commandant Martial Reynier | stark gestaffelte Zeiten s. Website | lignemaginot.com | 1–2 Std. | G3*

5 MAISON RURALE DE L'OUTRE-FORÊT

17 km südlich von Wissembourg/ 20 Min. über die D 264

Das Freilichtmuseum in Kutzenhausen widmet sich dem bäuerlichen Leben früherer Zeiten, als Suppen noch auf dem Feuerherd gekocht wurden. Jeden Sommer finden Konzerte, Handwerkervorführungen und kulinarische Workshops statt. *1, Place de l'Église | Mai–Sept. Di–So 11–18, Okt.–Dez. und Feb.–April Mi/Do 11–17, Sa/So 14–18 Uhr | maison-rurale.fr | 1–2 Std. | F3*

HAGUENAU

(F4) **Haguenau (35 000 Ew.) hat eine lange Geschichte, die im 11. Jh. in der Ritterzeit mit Kaiser Barbarossa beginnt, an den man sich noch heute gern erinnert.**

Was vom Mittelalter übriggeblieben ist, erfährst du im Juli und August auf einer kostenlosen *Stadtführung (Treffpunkt Fr 18 Uhr am Office de Tourisme).* Im Stadtbild dominiert aber die wilhelminische Epoche mit ihren mächtigen Bauten. Ganz und gar französisch ist dagegen die Kunst zu leben: Cafés, Bars und Brasserien gibt es hier en masse und sobald die Son-

Reiselustige, Nostalgiker und Kofferfans: Alle zieht es ins Musée du Bagage

ne scheint, wird auch draußen serviert. Radler und Wanderer zieht es in den Haguenauer Forst, einen der größten Wälder Frankreichs, und in Blumendörfer wie Hohwiller.

SIGHTSEEING

MUSÉE DU BAGAGE

In einer ehemaligen Bank überrascht das originellste Museum der Region mit einem Best of von Koffern und Kisten. Da gibt es Kleider-, Schuh- und Hutkoffer, aus Holz und aus Metall, Klassiker und Raritäten, rustikal oder luxuriös von Louis Vuitton. *5, Rue Saint-Georges | Mi–So 14–17.30 Uhr | museedubagage.com |* ⏲ *1 Std.*

MUSÉE HISTORIQUE ☂

Das Museum stellt u. a. Glaskunst und Porzellan der berühmten Manufaktur Hannong aus sowie steinerne Überbleibsel der mittelalterlichen Stadt. Im Keller befinden sich römische Fundstücke. *9, Rue du Maréchal Foch | Mi–So 14–17.30, Juli–Mitte Sept. 10–12.30 und 13.30–18 Uhr | ville-haguenau.fr/musee-historique |* ⏲ *1–2 Std.*

ESSEN & TRINKEN

ANCIENNE DOUANE

Wenn alle hingehen, muss es gut sein – mittags gibts kaum Platz wegen Flammkuchen *classique* oder als süße Version mit Apfel und Streuseln, XXL-Salaten, Pasta oder dem Metzgerstück. Hier isst *tout* Hagenau, im Sommer gern auch auf der großen Terrasse. Die „Alte Zollstation" braut sogar ihr eigenes Bier. *16, Place d'Armes | Tel. 03 88 72 60 45 | tgl. | anciennedouane-restaurant.fr | €*

CAFÉ LA FARANDOLE ⚑

Gleich kommt Jean Gabin zur Tür herein – das Art-déco-Café mit seinen Spiegeln und Schnörkeln würde jedem französischen Filmklassiker gut stehen. Die Kuchen sind köstlich und die Plunderstücke auch, sodass es fast zur Pflicht gehört, das eine oder andere Teilchen mitzunehmen. *11, Rue du Général Gérard | Mo 10–18, Di–Fr 8–18.30, Sa/So 8–18 Uhr | farandole-patisserie.net | €*

AU CAQUELON

Rösti, Raclette, Fondue und Fleisch vom heißen Stein: ein bisschen Schweiz im

Nordelsass. *10, Rue Georges Clemenceau | Tel. 03 88 93 04 04 | So/Mo geschl. | €*

L'OURS

Christelle und Jean Wagner feiern in ihrem Restaurant im 8 km südöstlich gelegenen *Bischwiller* die frische Marktküche, die Eisbombe und den Flammkuchen, natürlich mit selbst gemachtem Teig. Im Hof ist es sehr lauschig, drinnen auch. Die Papierkünstlerin Michèle Wagner hat hier ihr Atelier und freut sich über Besuch. *2, Rue de la Couronne | Tel. 03 88 63 21 56 | Mi-Mittag und Mo/Di geschl. | lours.co | €*

SHOPPEN

HALLE AUX HOUBLONS

IDER-TIPP
berbordende Markthalle

In der mächtigen Halle stehen die Markthändler dicht an dicht mit Käse, Wurst, *kugloff*, Croissants und Blumen. Die ehemalige Hopfenhalle ist *der* Marktplatz der Region. Hier kauft Madame alles für den *baeckeoffe* und der Tourist sein Picknick. Nebenan in der *Épicerie L'Entre'Pot* gibts Bier, Wein und mehr in Bioqualität. *Di und Fr 7.30–12 Uhr*

EMMAÜS

IDER-TIPP
chnäppchen für einen uten Zweck

Stöbern, entdecken, kaufen: Das Secondhand-Kaufhaus ist für günstige restaurierte Antiquitäten bekannt. Mit dem Erlös finanziert sich das soziale Projekt Emmaüs selbst. *99, Route de Bischwiller | Di–Sa und jeden 3. So im Monat 10–12 und 14–17 Uhr | emmaus-haguenau.com*

LE FRUITIER

Dieser 3 km vom Zentrum entfernte Obst- und Gemüsehof an der Straße nach Wissembourg setzt Maßstäbe, was Auswahl, Preise und Qualität angeht. Auch Feinkost und ein kleines Lokal mit Tagesgerichten *(€). 5, Ferme Densch | Mo 14–19, Di–Fr 9–19, Sa 9–18 Uhr | lefruitier-haguenau.fr*

SPORT & SPASS

FAHRRADVERLEIH VÉLO RITMO

Mit *vélo* oder E-Bike kannst du die Umgebung entdecken, z. B. den Hagenauer Forst mit dem Ausflugslokal *Auberge du Gros Chêne (Route de Schwabwiller | Tel. 03 88 73 15 30 | Mo geschl. | €–€€)* mit Kinderspielplatz. *1bis, Place Désiré Brumbt | Tel. 03 88 93 60 35 | Mo–Fr 9.30–12.30 und 14.30–18.15, Sa 9.30–12.30 Uhr | 3 Euro (E-Bike 5 Euro)/Tag | ritmo.fr*

NAUTILAND

Wasser und kein Ende: Hier gibts Spaß- und Schwimmbecken sowie eine Saunalandschaft mit Hamam. *8, Rue des Dominicains | Mo–Fr 12–21, Sa/So 9–19 Uhr | nautiland.net*

AUSGEHEN & FEIERN

Das Feierabendbier und mehr trinkt man in Straßencafés oder in der gut sortierten Weinbar *L'Atelier des Sommelières (3, Impasse de l'Oie)*. Konzerte, Tanz etc. finden im *Theater (1, Place du Maire Guntz)* oder auch in der Tapasbar *Casa Loca (184, Grand'Rue)* statt.

RUND UM HAGUENAU

6 SESSENHEIM

18 km östlich von Haguenau/20 Min. über die D 1063

In dem ehemaligen Fischerdorf brach der junge Goethe der Pfarrerstochter Friederike Brion das Herz und schrieb die „Sesenheimer Lieder". Zur Erinnerung an den Dichterfürsten gibt es einen kleinen *Wanderweg* (Symbol roter Kreis) durchs Dorf. Heute heißt das Ziel Flammkuchen: Der ist genial in der altehrwürdigen Dorfwirtschaft *À la Croix d'Or (1, Rue Goethe | Tel. 03 88 86 97 32 | mittags und So–Di geschl. | €)*. Hier isst man unter Garantie mehr als geplant. Das wirklich Schlimme ist, dass die Tochter des Hauses Patisserie gelernt hat ... *G4*

INSIDER-TIPP
Flammkuchen in der Dorfwirtschaft

7 BETSCHDORF & SOUFFLENHEIM ★

15 km bis Betschdorf nordöstlich von Haguenau/20 Min. über die D 263 und D 243

Keramik und Steingut aus diesen beiden Dörfern sind Kult. Sehenswert ist in Betschdorf das *Musée de la Pôterie (2, Rue de Kuhlendorf | April–Sept. Di–Sa 10–12 und 13–18, So 14–18 Uhr)*. Auf dem Soufflenheimer Friedhof hat sich ein Töpfer mit einer lebensgroßen Nachbildung von Leonardo da Vincis Fresko „Abendmahl" verewigt. Wie lebendig das Handwerk ist, zeigt sich in Soufflenheim bei *Michel Streissel (25, Rue de Haguenau)* mit seinen pfiffigen Motiven, z. B. mexikanischen Totenköpfen oder der Rosette des Straßburger Münsters. Beim Keramiker *Jean-Louis Ernewein-Haas (55, Grand'Rue)* findest du das passende Geschirr, um ein „Bierhähnchen" zu grillen, und *Jacky Graessel (19, Grand'Rue)* wird dir erzählen, wie er all die schönen Teller, Tassen und Bierhumpen bemalt hat.

In Soufflenheim ist das *Au Bœuf (48, Grand'Rue | Tel. 03 88 86 72 79 | Mo-Abend, Di-Abend und Mi-Abend geschl. | boeuf-soufflenheim.com | €)* für seine Königinpastete berühmt. 5 km nordöstlich in Leutenheim-Kœnigsbruck pfeift man in der *Auberge au Vieux Couvent (7, Rue du Vieux Moulin | Tel. 03 88 86 39 86 | So-Abend und Mo–Do geschl. | auberge-au-vieux-couvent.fr | €–€€)* auf die Tradition und kocht Fisch mit Speck und Nudelrisotto. Preiswerte Tagesgerichte und Sommerterrasse. *G3–4*

8 DIDILAND

13 km nördlich von Haguenau/20 Min. über die D 27

Drachenschiffe, Piratenboote, Autoskooter, Achterbahn, Karussell ... Der Freizeitpark ist für junge Familien top. Da auch Wasserbahnen rauschen, lohnt es sich, Wechselkleidung für die Kleinen einzupacken. *1, Route du Gunstett | Morsbronn-les-Bains | Öffnungstage s. Website (Juli/Aug. tgl. 10–18 Uhr) | didiland.fr | 2–3 Std. | F3*

Steingut und Keramik allüberall: unterwegs im Töpferdorf Soufflenheim

9 JARDINS DE LA FERME BLEUE IN UTTENHOFFEN

15 km nordwestlich von Haguenau/ 20 Min. über die D 1062

Willst du mal richtig blaumachen? Das geht besonders gut in diesem blauen Fachwerkhaus mit wunderschöner Gartenanlage. Der Sonntagsbrunch *(€)* hier ist sensationell gut! Die Rezepte für Hering, Suppen, salzige und süße *tartes* und vieles mehr stammen von Mutti. *21, Rue Principale | Mai–Mitte Sept. Do–Sa 14–18, So 11–18 Uhr | jardinsdelafermebleue.com | E3*

SIDER-TIPP
Brunchen wie Gott in Frankreich

SAVERNE

(D5) **Mit einem der schönsten Fachwerkhäuser des Elsass, der Maison Katz, und mit dem Rohan-Schloss schenkt Saverne (12 000 Ew.) seinen Besuchern wunderbare Augen-Blicke.**

Das ehemalige Zabern ist noch viel älter, als seine eh schon alte Bausubstanz entlang der Fußgängerzone in der Grand'Rue vermuten lässt. Bereits die Römer gründeten hier eine Militärstation. Heute macht die Kleinstadt einen lässigen Eindruck. Am Rhein-Marne-Kanal einen *Picon Bière* trinken, das fühlt sich schon sehr nach Mittelmeer an.

SIGHTSEEING

MAISON KATZ

Das 1605 erbaute Haus mit seinem Erker und der Schnitzkunst an der Fassade ist ein Renaissancejuwel. Das schönste Gebäude der Stadt ist heute ein *Restaurant (80, Grand'Rue | Tel. 03 88 71 16 56 | Mo geschl. | tavernekatz.com | €–€€€)* mit Sommerterrasse. Berühmt ist es für seinen Geflügelauflauf, der im 18. Jh. für Königin Marie-Antoinette erfunden wurde.

CHÂTEAU DES ROHAN

Das Schloss mit der 140 m langen, klassizistischen Fassade hat Platz genug für eine Jugendherberge und das Heimatmuseum *Musée Municipal (Mi 14–18, Sa/So 10–12 und 14–18 Uhr)*. Der Museumseintritt berechtigt auch zu einem halbstündigen Aufenthalt auf dem *Schlossdach* – windig, aber mit Weitblick! *Place du Général de Gaulle*

ROSERAIE

Seit mehr als 100 Jahren blüht hier Saverne auf. Auf 8000 Rosenstöcken wachsen 550 Arten, deren schönste Blüte im späten Frühjahr ist. Mitte Juni gibts ein Rosenfest. *Route de Paris | Juni–Aug. Mo–Sa 14–19, So 10–19, Sept. tgl. 14–18 Uhr | roseraie-saverne.fr | 1 Std.*

CHÂTEAU DU HAUT-BARR

Der Spitzname „Auge des Elsass" ist nicht übertrieben: Von der Burg schaut man über den Rhein bis zum Schwarzwald. Etliche Rundwanderungen starten von hier zu anderen Burgen und Bergen und eine Kneipe gibts auch.

ESSEN & TRINKEN

'S ZAWERMER STUEBEL

Schön eng ist es in diesem Kellergewölbe und nach Käse duftet es auch noch. Die Spätzle werden mit Münsterkäse überbacken und so mancher Flammkuchen auch. Aber was alles toppt, sind die Schmorgerichte – die sind die Spezialität vom Koch. *4, Rue des Frères | Tel. 03 88 71 29 95 | Mo/Di geschl. | szawermer.fr | €*

LA MARNE

Savernes Sonnendeck! Elsässer Spezialitäten und abends Flammkuchen schmecken auf der Terrasse am Kanal gleich doppelt so gut. *5, Rue du Griffon | Tel. 03 88 91 19 18 | Do-Abend und So-Abend geschl. | restaurant-lamarne.fr | €*

CAVEAU DE L'ESCALE

Dank Muttis Pfännchenrezepten, *buwespätzles* und Flammkuchen hat Wirt Vincent Fischbach meistens *full house*. Im Sommer auch draußen mit Blick auf Hafen und Schloss. *10, Quai du Canal | Tel. 03 88 91 12 23 | Mi, Di-Abend und Sa-Mittag geschl. | escale-saverne.fr | €*

SHOPPEN

Manche mögen's süß. *Jacques Bockel (77, Grand'Rue | planet-chocolate.com)* ist der Guru in Sachen Dolce Vita auf Elsässer Art, von ihm gibt es – *oh là là* – das Kamasutra in Schokolade und Haselnusscreme. Ein weiteres Topziel für Genießer ist die *Délicathèque (104, Grand'Rue | ladelicatheque.fr)* von Pierre Huser.

SPORT & SPASS

RADFAHREN

Topfeben und praktisch autofrei sind die großteils geteerten Treidelpfade

Fachwerkfassade aus der Renaissance: Die Maison Katz ist das Prachtstück an der Grand'Rue

längs des Rhein-Marne-Kanals. Hier gehts von einem Schleusenhäuschen zum nächsten, bis man bei der Bretonin Valérie in der Bar *Papar Hasard (Tel. 03 87 24 46 27 | stark gestaffelte Zeiten s. Website | paparhasard.com | €)* an der Schleuse in Arzviller Pause macht und eine super Crêpe genießt. Fahrräder, Tandems und E-Bikes verleiht *Cycles Ohl (10, Rue Saint Nicolas | Tel. 03 88 91 17 13 | Mo 14–18, Di–Fr 9–12 und 14–19, Sa 9–12.30 und 14–17.30 Uhr).*

AUSGEHEN & FEIERN

MARINA ★

Abends sitzt man schön am Kanal und in den Straßencafés und trinkt ein „Elsass"-Bier der in Saverne ansässigen Brasserie Licorne. Donnerstags spielen am Kanal Bands, am Samstagnachmittag ist bei Wirtin Zabou in der *Pâtisserie Jung (3, Rue Poincaré)* auch was los: Rock, Folk und *manouche* (Gypsy-Jazz). *Port de Plaisance (10, Rue de l'Orangerie)*

RUND UM SAVERNE

10 GRAUFTHAL ★

17 km nördlich von Saverne/20 Min. über die D 1004 und D 122

Kaum zu glauben: Noch bis 1958 waren die in den Sandstein gehauenen Wohnungen in dem Dorf bewohnt. Fließendes Wasser gab es nur bei Regen, nasskalt war's immer. Heute sind die Wohnhöhlen zu besichtigen. *Mitte März–Mitte Nov. Mo–Sa 10–12 und 14–18, So 10–18.30 Uhr | maisonsdes rochers-graufthal.fr |* *C4*

11 LA PETITE-PIERRE (LÜTZELSTEIN) ★

22 km nördlich von Saverne/25 Min. über die D 1004, D 122 und D 178

Wie sich die Zeiten ändern: Als Festung war der „kleine Stein" (Lützelstein) weit weg vom Schuss und unbedeutend, heute wollen alle hin, zum Wandern, Spazieren, Mountainbiken oder um einfach die schöne Aussicht zu genießen. Vor allem im Herbst ist es hier – Indian Summer! – sagenhaft schön. Das Felsennest geht auf eine Burg zurück, die von Frankreichs berühmtem Festungsbaumeister Sébastien Vauban im Auftrag Ludwigs XIV. sternförmig ausgebaut wurde. Oben gibt es viele Bistros, zu empfehlen sind die Flammkuchen im *Restaurant du Château (5, Rue du Château | Tel. 03 88 70 45 18 | Do-Abend und Mo geschl. | lerestaurantduchateau.fr | €).* *C4*

12 MUSÉE LALIQUE IN WINGEN-SUR-MODER ★

33 km nördlich von Saverne/35 Min. über die D 1004, D 122 und D 135

René Lalique (1860–1945) wusste, was Frauen gefällt. Zuerst machte er in Paris mit Art-déco-Schmuck Karriere und begeisterte mit „billigen" Materialien wie Elfenbein und Horn. Er verwandelte Broschen, Ringe und Kämme samt ihrer Trägerinnen in Kunstwerke. Später wurde er im Elsass zum „Großmeister des Glases" und produzierte Kristallglas und Flakons in Serie. *Rue du Hochberg | April–Sept. tgl. 9.30–18.30, Okt./Nov. und Feb./März Di–So, Dez. tgl. 10–18 Uhr | musee-lalique.com | 1–2 Std. | D3*

13 MEISENTHAL

38 km nördlich von Saverne/45 Min. über Wingen

Weil es hier schon immer Holz und Wasser gab, wurden die Nordvogesen zum Zentrum der Glaskunst. Aus dem lothringischen Dorf stammen die schönsten Glasobjekte für den Alltag und den Christbaum. Im *Centre International d'Art Verrier (Place Robert Schuman | Mai–Mitte Okt. Di–So 13.30–18 Uhr | ciav-meisenthal.fr | 1–2 Std.)* kannst du den Glasbläsern zuschauen und findest all die hübschen Dinge, die anderswo längst ausverkauft sind. *D3*

14 BOUXWILLER

15 km nordöstlich von Saverne/ 20 Min. über die D 6

Das Elsass hatte und hat eine lebendige jüdische Kultur, zuerst auf dem Land, später in den Städten. Bouxwiller (3900 Ew.) war so ein Zentrum, daran erinnert das größte jüdische Museum der Region: Das *Musée Judéo-Alsacien (62, Grand'Rue | Mitte März–Okt. Di–Fr und So 10–13 und 14–18 Uhr | judaisme.sdv.fr/today/musee)* ist in der ehemaligen Synagoge untergebracht und zeigt Alltagsgegenstände, religiöse Utensilien und Fotografien aus einer Zeit, als „leben und leben lassen" gelebter Alltag war. *D4*

15 ROYAL PALACE IN KIRRWILLER

20 km nordöstlich von Saverne/ 25 Min. über Bouxwiller

Vergesst Paris! Der rührige Gastronom Adam Meyer hat sich hier seinen Bling-Bling-Traum verwirklicht. Sein Varietétheater zeigt so viel Bein wie das Moulin Rouge. *20, Rue de Hoch-*

felden | Tel. 03 88 70 71 81 | royal-palace.com | E4

16 BRASSERIE METEOR IN HOCHFELDEN

16 km östlich von Saverne/20 Min. über die D 421

Die letzte große Familienbrauerei des Elsass hat viele Fans und bietet anderthalbstündige Führungen mit Bierprobe an – aber nur mit Anmeldung! Sonntags gibts einen sehr günstigen Brunch. *6, Rue du Général Lebocq | Tel. 03 88 02 22 22 | Feb.–Dez. Di–So 10–18 Uhr | brasserie-meteor.fr | E4*

17 SCHIFFSHEBEWERK PLAN INCLINÉ ★

15 km westlich von Saverne/20 Min. über die D 132, D 38 und D 98

Das technische Wunderwerk bei Saint-Louis Arzviller transportiert Schiffe in einer Art riesenhafter Badewanne den Berg hoch. Früher mussten die Schiffe 17 Schleusen passieren, um den Höhenunterschied auszugleichen! Diese sind über einen Wanderweg zu besichtigen. Vor Ort gibts auch eine Sommerrodelbahn. *April–Okt. tgl. 10–17, Juli/Aug. bis 18 Uhr | plan-incline.com | C5*

18 TIERPARK SAINTE-CROIX IN RHODES ★

45 km westlich von Saverne/45 Min. über die D 1004, D 604, D 38, D 43 und D 95

120 Hektar Wildnis: Hier heulen die Wölfe und röhren die Hirsche. Außerdem leben hier Luchse, Bären, Rotwild wie vor Hunderten von Jahren. Obendrein gibts einen Barfußpfad und einen Hochseilgarten in der Nähe. *Route de Rhodes | Ostern–Mitte Nov. tgl. 10–18, Juli/Aug. bis 19 Uhr | parcsaintecroix.com | A4*

Es röhrt der Hirsch, es heult der Wolf: Im Tierpark Sainte-Croix gibts tierisch was auf die Ohren

STRASSBURG

LA MÉTROPOLE!

Was ist Straßburg? Wahrscheinlich wissen es *les Strasbourgeois* auch nicht so genau, denn auf dem Ortsschild steht in allen drei Sprachen des Elsass Strasbourg, Straßburg, Strosburi. Die Hauptstadt des Elsass (287 000 Ew.) und der Großregion Grand Est gehört scheinbar allen, denn alle waren schon da: Römer, Alemannen, Preußen, Franzosen ... Die Stadt hat davon profitiert. Keine Stadt Ostfrankreichs hat gastronomisch so viel auf der Pfanne und ist architektonisch so interessant!

Fachwerkromantik am Flussufer: In der Petite France lässt Straßburg seinen Charme spielen

Ein Muss sind das unglaublich pittoreske ehemalige Gerberviertel Petite France, die französischen Plätze Kléber, Broglie, Austerlitz, die kaiserliche *La Neustadt*. Alles wird überragt vom Münster, das nur einen Turm hat. Unvollendet? Ja, Straßburg ist die Unvollendete, immer schon. Jetzt bauen sie wieder ein neues Stadtviertel und erweitern Tram- und Radwegnetz. Die Metropole reckt und streckt sich und bleibt doch, wie sie ist. Vom Fluss aus ist die Stadt besonders schön anzuschauen. Oder vom Straßencafé. Straßburg ist ein Fest!

STRASSBURG

MARCO POLO HIGHLIGHTS

★ **PETITE FRANCE**
Heimelig und schön: durchs alte Straßburg flanieren ➤ S. 62

★ **CATHÉDRALE NOTRE-DAME**
Eine der schönsten Kirchen der Welt ➤ S. 60

★ **BOOTSFAHRT AUF DER ILL**
Standrundfahrt mal anders: im Panoramaboot vom Mittelalter nach Europa ➤ S. 71

★ **MUSÉE ALSACIEN**
Schönstes Heimatmuseum im Elsass ➤ S. 62

★ **MUSÉE TOMI UNGERER**
Würdigung für einen großen Zeichner und Sammler ➤ S. 63

★ **MUSÉE D'ART MODERNE ET CONTEMPORAIN (MAMC)**
Groß und gut: der Straßburger Kunsttempel ➤ S. 62

★ **GRAND'RUE**
Eine kulinarische Weltreise auf Straßburgs Fressgasse ➤ S. 66

★ **AU PONT CORBEAU**
Ein Straßburger Weinstubenklassiker ➤ S. 66

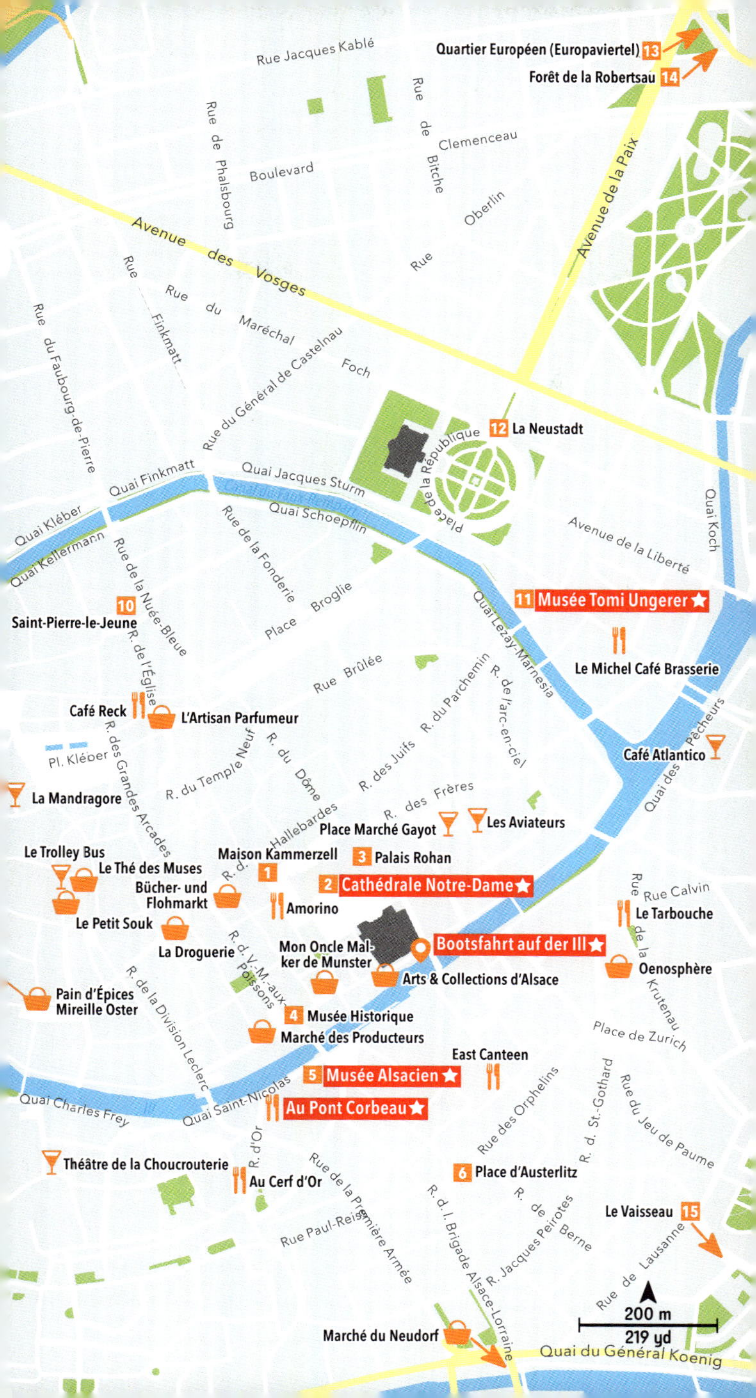
Quartier Européen (Europaviertel) 13
Forêt de la Robertsau 14
12 La Neustadt
11 Musée Tomi Ungerer
Le Michel Café Brasserie
10 Saint-Pierre-le-Jeune
Café Reck
L'Artisan Parfumeur
Café Atlantico
La Mandragore
Place Marché Gayot
Les Aviateurs
Le Trolley Bus
Le Thé des Muses
Maison Kammerzell
1
3 Palais Rohan
2 Cathédrale Notre-Dame
Bücher- und Flohmarkt
Amorino
Le Tarbouche
Le Petit Souk
La Droguerie
Mon Oncle Malker de Munster
Bootsfahrt auf der Ill
Arts & Collections d'Alsace
Oenosphère
Pain d'Épices Mireille Oster
4 Musée Historique
Marché des Producteurs
East Canteen
5 Musée Alsacien
Au Pont Corbeau
Théâtre de la Choucrouterie
Au Cerf d'Or
6 Place d'Austerlitz
Le Vaisseau 15
Marché du Neudorf
200 m
219 yd
Rue Jacques Kablé
Rue de Phalsbourg
Boulevard
Rue de Bitche
Clemenceau
Rue Oberlin
Avenue de la Paix
Avenue des Vosges
Rue Finkmatt
Rue du Maréchal Foch
Rue du Général de Castelnau
Rue du Faubourg-de-Pierre
Quai Finkmatt
Quai Jacques Sturm
Canal du Faux-Rempart
Quai Schoepflin
Place de la République
Quai Kléber
Quai Kellermann
Rue de la Nuée-Bleue
Rue de la Fonderie
Place Broglie
Avenue de la Liberté
Quai Koch
Quai Lezay-Marnesia
R. de l'Église
Rue Brûlée
R. du Parchemin
R. de l'arc-en-ciel
Pl. Kléber
R. des Grandes Arcades
R. du Temple Neuf
R. du Dôme
R. des Juifs
R. des Frères
Quai des Pêcheurs
R. d. Hallebardes
Rue Calvin
Rue de la Krutenau
R. d. V.-M.-aux-Poissons
R. de la Division Leclerc
Place de Zurich
Rue des Orphelins
R. d. St.-Gothard
Rue du Jeu de Paume
Quai Charles Frey
Ill
Quai Saint-Nicolas
R. d'Or
Rue de la Première Armée
Rue Paul-Reiss
R. d. l. Brigade Alsace-Lorraine
R. de Berne
R. Jacques Peirotes
Rue de Lausanne
Quai du Général Koenig

SIGHTSEEING

Straßburg lässt sich prima und günstig mit der Tram entdecken. Sie fährt in fast alle Viertel der Stadt und sogar rüber nach Kehl und das 24-Stunden-Ticket kostet nur 4,60 Euro. Sofern Platz ist, kannst du auch dein (Leih-)Rad mitnehmen. *cts-strasbourg.fr*

1 MAISON KAMMERZELL

Obwohl es direkt neben dem Münster eher klein wirkt, ist dieses 1467 erbaute Bürgerhaus ein regelrechter Fachwerkpalast. Der schönste Renaissance-Fachwerkbau der Stadt ist heute ein Hotel mit Restaurant *(16, Place de la Cathédrale | Tel. 03 88 32 42 14 | tgl. | maison-kammerzell.com | €€–€€€)* und Sommerterrasse. Das Restaurant ist mit drei großen Wandmalereien (Tantalosqualen, Henkersmahlzeit, Narrenschiff) des elsässischen Jugendstilkünstlers Léo Schnug von 1904 bemalt, von dem auch die Wandmalereien in der Hohkönigsburg stammen. *c4*

WOHIN ZUERST?

Bester Ausgangspunkt ist die **Place Gutenberg** *(c4)*; von dort sind es jeweils maximal 250 m zur Place Kléber, zum Palais Rohan an der Ill, zur Kathedrale und ins Altstadtviertel mit der Place Marché Gayot. Ein Parkhaus liegt direkt am Platz, die Tramlinien A und D halten zwei Gehminuten entfernt an der Station Grand'Rue.

2 CATHÉDRALE NOTRE-DAME ★

Von der elsässischen Ebene kommend, sieht man lange Zeit nur das Straßburger Liebfrauenmünster, die Stadt selbst erst viel später. Wie mag der Eindruck in früheren Zeiten gewesen sein, als Straßburg noch keine Hochhäuser kannte? Bis 1875 war das Liebfrauenmünster das höchste Gebäude der Welt. Seine Ursprünge liegen in einer romanischen Kirche; nach einem Blitzeinschlag wurde es von 1176 bis 1439 nach dem Vorbild der gotischen Kathedralen Frankreichs aus dem rötlichen Sandstein der Vogesen erbaut. Herausragend im Wortsinn ist der 142 m hohe Nordturm, der trotz anderer Vorsätze nie ein zweites Pendant bekam. Stattdessen hat die Kirche eine über 332 Stufen zu erreichende *Plattform (April–Sept. tgl. 9.30–13 und 13.30–20, Okt.–März 10–13 und 13.30–18 Uhr),* auf der schon der junge Goethe seine Höhenangst besiegen wollte.

Im Inneren gehören u. a. Altäre, Rosette, Bleiglasfenster, Wandteppiche sowie die astronomische Uhr mit *Apostelprozession (Mo–Sa 12.30 Uhr)* zu den bemerkenswerten Besonderheiten. Das Uhrwerk mit einer Erdbahn, einer Mondbahn und den Bahnen der damals bekannten Planeten Merkur bis Saturn stammt vom genialen Straßburger Uhrmacher Jean-Baptiste Schwilgue (1776–1856). Sein Zeitmesser schlägt – weltweit einmalig! – 12.30 Uhr und hat Zahnräder, die die Präzession der Erdachse nachbilden, sich also für eine Umdrehung 25 800 Jahre Zeit lassen. Ein Höhepunkt ist ein Besuch am 20. März (sowie an den

Eine Art Mandala des Mittelalters: die prächtige Rosette überm Westportal des Münsters

fünf folgenden Tagen) zur Tag-und-Nacht-Gleiche. Dann fällt durch ein Fenster der Südfassade ein grüner Lichtstrahl über das Haupt Christi auf den Baldachin der Kanzel.

Zu den immerwährenden Glanzlichtern gehören die Portale mit ihrem Harfenmaßwerk sowie die unzähligen Figuren und Wasserspeier. Etliche wunderbare Originale sind gegenüber in der ehemaligen Münsterbauhütte, dem *Musée de l'Œuvre Notre-Dame (3, Place du Château | Di–So 10–18 Uhr | musees.strasbourg.eu),* aus der Nähe zu sehen. Besonders bemerkenswert sind die Skulpturen „Kirche und Synagoge" und „Der Verführer". Das Gebäude sowie Hof und Garten wirken wie eine Insel im Meer der hektischen Großstadt. Auch Straßburgs schönste steinerne Wendeltreppe befindet sich dort, an der sich die damals besten Bildhauer der Welt verkünstelten. Und im Sommer wird die Frontseite zur Projektionsfläche für Lichtspiele.

Interessant sind auch die Glocken: Sie wiegen rekordverdächtige 32 t. Das Münstergeläut zählt zu den schönsten Europas. Die beste Sicht auf Rosette und Kirche hast du von der Rue Mercière. Und wenn du ins Schaufenster des Tabak- und Souvenirshops schaust, siehst du das Münster mit zwei Türmen. Endlich vollendet! *Place de la Cathédrale | Mo–Sa 8.30–11.15 und 12.45–17.45, So 14–17.15 Uhr | cathedrale-strasbourg.fr | 1–2 Std. |* *c4*

3 PALAIS ROHAN

Fast quadratisch liegt der Barockbau aus dem 18. Jh. zwischen Ill und Münster. Gleich drei Museen sowie eine Galerie haben Platz in der ehemaligen Residenz des Straßburger Fürstbischofs. Während das Museum für schöne Künste *(Musée des Beaux-*

Arts) im zweiten Stock den alten Meistern (Rubens, Goya, van Dyck ...) gehört, führt das *Musée Archéologique* im Untergeschoss in die Steinzeit und zu den Merowingern. Das Kunstgewerbemuseum *(Musée des Arts Décoratifs)* im Erdgeschoss stellt den Luxus (Gobelins, Chinoiserien, Stuck ...) aus, wie ihn Frankreichs Könige und Bischöfe so sehr liebten. *2, Place du Château | alle Mi–Mo 10–18 Uhr | musees.strasbourg.eu | 1–3 Std. | c4–5*

4 MUSÉE HISTORIQUE

Reiche Stadt, reiche Geschichte: Straßburgs unterschiedliche Epochen werden im Historischen Museum ausgiebig gewürdigt – mit Mode, Waffen, Alltagsgegenständen und einem 78 m² großen Stadtmodell aus dem Jahr 1727. *2, Rue du Vieux Marché aux Poissons | Di–So 10–18 Uhr | musees.strasbourg.eu | 1 Std. | c5*

5 MUSÉE ALSACIEN ★

Das schon 1907 gegründete Elsässische Museum ist in einem Fachwerkbau aus dem 17. Jh. untergebracht. Alle Räume sind originalgetreu eingerichtet, z. B. eine Wohnstube im Renaissancestil, eine Schmiede, eine Apotheke und vieles mehr. Jeder Raum ist reich bestückt mit Möbeln, Gemälden, Alltagsgegenständen, Werk- und Spielzeug der jeweiligen Epoche. *23–25, Quai Saint-Nicolas | Mi–Mo 10–18 Uhr | musees.strasbourg.eu | 1 Std. | c5*

6 PLACE D'AUSTERLITZ

Das 2012 vom deutschen Künstler Egbert Broerken geschaffene *Bronzemodell* auf dem Platz präsentiert die Straßburger Innenstadt in Klein und ist in der Blindenschrift Braille beschriftet. Gegenüber zeigt die *Galerie La Chambre* internationale Fotokunst. Der Platz wurde neu gestaltet und hat jetzt mit netten Cafés Pariser Charme. *c5*

INSIDER-TIPP
Wo Straßburg auf Paris macht

7 PETITE FRANCE ★

Wer nicht hier war, war nicht in Straßburg. Das Klein Frankreich genannte Viertel hat seinen Namen aus der Zeit, als im damaligen Gerberviertel, dem *Quartier des Tanneurs,* die Syphilis grassierte, damals Franzosenkrankheit genannt. Mit seinen Gassen, Winkeln, Ecken, Brücken und Schleusen sowie den imposanten alemannischen Fachwerkhäusern und der gewaltigen Wasserfläche ist es der malerischste Ort der Stadt. Sogar bei Nebel – *bonjour, mélancholie* – ist es hier schön. Obwohl das Viertel täglich von Tausenden Touristen überrannt wird, gibt es hier immer noch lauschige Ecken. Wie bezaubernd die Petite France ist, zeigt sich vom Schleusenwehr *Barrage Vauban. a–b 4–5*

8 MUSÉE D'ART MODERNE ET CONTEMPORAIN DE STRASBOURG (MAMCS) ★

Der Fundus des Museums für Moderne und Zeitgenössische Kunst ist unglaublich groß, sodass ständig neue, immer wieder überraschende Ausstellungen aus dem Hut gezaubert werden. Stark vertreten sind die Straßburger Künstler Hans Arp und Gustave Doré. Der Museumsshop ist außergewöhnlich gut mit Fotobänden, japanischen Zeichenbüchern und Kunstbänden bestückt. Von der Terrasse des *Art Cafés* im 1. Stock öffnet sich ein großartiger Blick auf die Stadt. *1, Place Jean Arp | Di–So 10–18 Uhr | musees.strasbourg.eu | 1–2 Std. | a5*

9 CHÂTEAU MUSÉE VODOU

Wer sich vor Totenschädeln gruselt, sollte hier nicht rein. Das in einem Wasserturm aus der Kaiserzeit installierte Voodoomuseum präsentiert die westafrikanischen Religionen in all ihren Facetten. Bemerkenswert ist der Ahnenkult. Der Großteil der Exponate wurde in der zweiten Hälfte des 20.Jhs. vom Straßburger Sammler Marc Arbogast in Ghana, Togo, Benin und Nigeria zusammengetragen. Auf vier Ebenen werden Masken, Trachten, Plastiken und „verzauberte" Alltagsgegenstände ausgestellt. *4, Rue de Koenigshoffen | Di–So 14–18 Uhr | chateau-vodou.com | 0*

10 SAINT-PIERRE-LE-JEUNE

Straßburgs stimmungsvollste Kirche: ist verwinkelt, uralt, geheimnisvoll. Der Kreuzgang gehört zu den ältesten nördlich der Alpen, absolut sehenswert sind die Fresken, die Europas Nationen auf dem Ritt nach Jerusalem zeigen. *3, Rue de la Nuée Bleue | März–Okt. tgl. 12–18,Nov./Dez Mi und Fr–So, Jan./Feb. Di–So 12–18 Uhr | saintpierrelejeune.org | b3*

11 MUSÉE TOMI UNGERER ★

Wie gut, dass er ein Workaholic war! Tomi Ungerer (1935–2019) zeichnete seit seiner Kindheit. Hier findest du Plakate, Collagen, Fotos sowie Entwürfe – und Spielzeug, das hat er nämlich auch gesammelt. Regelmäßig wird Neues ausgestellt. Im Keller befinden sich die nicht jugendfreien Werke des Enfant terrible. *2, Avenue de la Marseillaise | Mi–Mo 10–18 Uhr | musees.strasbourg.eu | 1 Std. | d3*

Besonders romantisch im Abendlicht: das Illufer in der Petite France

12 LA NEUSTADT

Das Elsass braucht eine Hauptstadt, tönte Kaiser Wilhelm. Das mittelalterliche Straßburg wurde innerhalb weniger Jahrzehnte modernisiert, mehrere Stadtviertel wurden aus dem Boden gestampft, darunter die sogenannte Neustadt mit ihren Avenuen und Prachtbauten im Historismus und *art nouveau* (Jugendstil). Bis heute steht das wilhelminische *Quartier Allemand,* das „Deutsche Viertel", unversehrt da, weshalb es 2017 zum Unesco-Weltkulturerbe erklärt wurde. „Wie in Berlin", staunt so mancher Besucher. Am „Kaiserplatz" alias Place de la République konzentriert sich der größte Protz: der Kaiserpalast (heute *Palais du Rhin*), die *Bibliothek* mit ihrer gigantischen Wendeltreppe und der Landtag, in dem heute das *Théâtre National* residiert. Kleinster Blickfang ist der Kaiser himself, der im schmiedeeisernen Geländer verewigt wurde. Ebenfalls zur Neustadt gehört der *Bahnhof,* der durch einen Glasüberbau mit der Postmoderne verkuppelt wurde. Für Spaziergänge hält das Office de Tourisme eine Broschüre mit allen wichtigen Sehenswürdigkeiten bereit. Ein guter Platz, um sich dafür zu präparieren, ist das *Café Brant (11, Place de l'Université Tel. 03 88 36 43 30 | tgl. | cafe-brant.fr | €–€€)* gegenüber der Universität und dem Goethe-Denkmal mitten in „La Neustadt".

📖 c–d 2–3

13 QUARTIER EUROPÉEN (EUROPAVIERTEL)

Auch wenn in Sachen Europa die Musik in Brüssel spielt, die Straßburger lassen sich ihr Europa nicht nehmen und warten mit den Glas- und Stahl-

Mal kein Puppenstubencharme: Die wilhelminische Neustadt zeigt ein ganz anderes Elsass palästen des Europäischen Parlaments, des Europarats und des Europäischen Gerichtshofs für Menschenrechte am Ufer des Bassin auf. Hin kommst du mit der Tramlinie E. Drinnen gibt es im *Parlamentarium Simone Veil (Bâtiment Louise Weiss | Tel. 03 88 17 40 01 | Mo–Fr 13–17, Sa 9.30–12 und 13–17 Uhr | short.travel/els6)* ein 360-Grad-Panoramakino, interaktive Stationen zu europäischen Themen und ein Rollenspiel für 16 bis 32 Personen. „Normale" Führungen (Ausweis nicht vergessen!) gibt es nur nach Anmeldung *(Europaparlament Tel. 03 88 17 45 74, Europarat Tel. 03 88 41 20 29)*. Einen prima Kontrast dazu bildet vis-à-vis die große Parkanlage der *Orangerie*. *f1*

14 FORÊT DE LA ROBERTSAU

Picknicken, spazieren gehen, Fußball spielen: Der Schlosspark in der Robertsau ist groß genug für alles Mögliche, so auch für Kunstwerke wie Barry Flanagans Hase „The Bowler". Folgt man dem Rheindamm, wird aus dem Park eine Rheinauenlandschaft, sogar mit Badesee *(Blauelsand)* vis-à-vis vom Rhein. Nicht bayrisch, aber trotzdem gut ist der Biergarten *Le Jardin du Pourtalès (April–Okt. tgl. | €)* am Eingang zum Park. *0*

15 LE VAISSEAU

Eine riesige Bauecke, ein Modell für Bewässerungen, ein Ameisenbau, ein Fernsehstudio, ein großes Außengelände zum Spielen und vieles mehr: Das Wissenschaftsmuseum für Kinder hat eine unglaubliche Vielfalt im Programm, welche die Kinder und ihre praktischen Fähigkeiten anspricht. *1bis, Rue Philippe Dollinger | Mi, Sa, So 10–18, Di, Do, Fr 16–18, in den frz. Schulferien Di–So 10–18 Uhr | levaisseau.com | 2–3 Std. | f6*

ESSEN & TRINKEN

CAFÉ RECK

Idealer Boxenstopp beim Shoppen. Für diese stylishe Cafébar würde wohl auch George Clooney fremdgehen. *8, Rue Mésange | Di–Sa 8.30–18 Uhr | cafesreck.com | c4*

AMORINO

Eis in der Waffel kennt man ja, Eis in einer *focaccina* genannten Brioche aber noch nicht. Das heiß-kalte Vergnügen schmeckt wunderbar! *11, Rue Mercière | Mo–Do 11.30–22, Fr/Sa 11–23, So 11–22 Uhr | amorino.com | c4*

GRAND'RUE ★

Was gibt es Schöneres, als mit leichtem Appetit in Straßburgs älteste Straße einzubiegen und sich von den alten und neuen Bistros und Bars, Cafés und Teestuben inspirieren zu lassen? Hier gibt es pfiffige Hausmannskost *(Le Troquet des Kneckes),* frisch gezauberte Suppen und Salate mit Zutaten aus der Region *(Pur etc.),* Käse und Schinken aus *bella Italia,* einen mit roter Grütze und Sahne aufgepimpten Superkäsekuchen *(Salon de Thé Grand'Rue),* belgische Pommes, Veggieburger, Streetfood aus Tibet und, und, und. Hier köchelt die Welt! Wer mit den Köstlichkeiten lieber picknicken will, findet gleich um die Ecke am Quai de la Petite France Platz und Grillstellen. *b4*

INSIDER-TIPP
Größter Käsekuchen ever

LA CORDE À LINGE

Auch wenn das Restaurant mitten in der touristischen Petite France liegt, wird es doch von den Einheimischen frequentiert. Straßburg liebt eben *les spaetzeles* – und das Draußensitzen, hier direkt mit Blick auf den Kanal. *2, Place Benjamin Zix | Tel. 03 88 22 15 17 | lacordealinge.com | tgl.* | € | *b4*

BRASSERIE LE TIGRE

INSIDER-TIPP
Straßburgs coolste Brasserie

Hier geht den Straßburgern das Herz auf und dir bestimmt auch. So wunderbar „alte Schule" wie anno 1920 kann eine Brasserie sein und doch so stylish. Der Tiger im Saal erinnert an das legendäre, unvergessene Straßburger Bier Tigre Bock. Es wird heute wieder gebraut! Auch der Flammkuchen ist hausgemacht. Alles schmeckt wunderbar, drinnen oder draußen im Biergarten oder im versteckten *le speak easy. 5, Rue du Faubourg-National | Tel. 03 90 23 21 58 | tgl. | letigre.eu* | € | *a4*

LES HARAS

Starkoch Marc Haeberlin hat im ehemaligen Gestüt der Stadt nach allen Regeln der Kunst eine Brasserie installiert. Frontcooking, große Portionen und eine preisgekrönte Innenarchitektur lassen staunen. *23, Rue des Glacières | Tel. 03 88 24 00 00 | tgl. | les-haras-brasserie.com* | €€–€€€ | *b5*

AU CERF D'OR

Das Restaurant schaut feiner aus, die *Winstub* gemütlicher. Die Karte ist überall gleich und so findet jeder seinen Lieblingsplatz für die wunderbare französisch-elsässische Küche. Der „Goldene Hirsch" ist kaum zehn Minuten vom Zentrum weg, aber gut versteckt. *6, Place de l'Hôpital | Tel. 03 88 36 20 05 | So-Abend geschl. | cerf-dor-strasbourg.fr* | €–€€ | *c5*

AU PONT CORBEAU ★

Klein, aber fein und ja, auch etwas eng. Hier wird man schon mal umgesetzt und sitzt mit wildfremden Leuten zu Tisch, doch eine *Winstub* wie diese lebt davon. Zartes Fleisch, feine Saucen und natürlich Spätzle sind hier jedes Mal eine Feierstunde der guten elsässischen Küche. *21, Quai Saint-Nicolas | Tel. 03 88 35 60 68 | So-Mittag und Sa geschl. | aupontcorbeau.fr* | €–€€ | *c5*

EAST CANTEEN

Die East Canteen hat sich auf fernöstliches Streetfood spezialisiert, heraus kommt eine elsässische Spielart der Fusionküche, etwa wenn der japanische Pfannkuchen *(okonomiyaki)* mit Elsässer Kraut gemacht wird. Die knusprigen Hähnchen sind super! *2, Place des Orphelins | Tel. 03 67 68 01 08 | tgl. | eastcanteen.com | € | 🕮 c4–5*

LE TARBOUCHE

In dieser Eckkneipe in der Krutenau treffen sich die Hipster und Liebhaber der orientalischen Küche. Gurken-Tomaten-Salat, Hummus und Schawarma sind eine Wucht. Auch zum Mitnehmen. *22, Rue de la Krutenau | Tel. 03 88 35 00 48 | So geschl. | € | 🕮 d4*

Stylish: Brasserie Les Haras im einstigen Gestüt der Stadt

SIDER-TIPP
Brasserie mit Pariser Flair & Klasse

LE MICHEL CAFÉ BRASSERIE

Vive la France! Hier erlebst du live, wie eine französische Brasserie funktioniert und das Mittagessen mit einem *rouge* gefeiert wird. Köstlich ist auch das Gebäck aus eigener Produktion; ein Stück Gugelhupf auf die Hand rettet den Tag! *20, Avenue de la Marseillaise | Tel. 03 88 35 45 40 | Sa-Abend und So geschl. | € | 🕮 d3–4*

À L'AIGLE

In Bezug auf Flammkuchen wird im Vorort Pfulgriesheim gut 10 km nordwestlich die reine Lehre gepredigt: Nur zwei Arten – mit und ohne Käse – werden serviert, natürlich auf dem Holzbrett. Der Teig wird selbst gemacht, im Ofen brennt selbstverständlich echtes Holz. Herrlich knusprig! *22, Rue Principale | Pfulgriesheim | Tel. 03 88 20 17 80 | So/Mo und mittags geschl. | alaigle.fr | € | 🕮 e5*

LE MARRONNIER IN STUTZHEIM

20 km Fahrt, die sich lohnen: In Stutzheim findest du diese feine Adresse für ein Gelage alter Schule mit Sauerkraut, *baba au rhum* zum Dessert und vielleicht einem Flammkuchen vorweg. Das verwinkelte Gebäude ist erstklassig, fein und klar eingerichtet. Und unterm namenstiftenden Kasta-

nienbaum ists noch lauschiger. *18, Route de Saverne | Stutzheim | Tel. 03 88 69 84 30 | tgl. | restaurantlemarronnier.fr | €–€€ | E5*

SHOPPEN

C'est mon style! Das ist mein Stil! Elsässer sind genauso crazy in Sachen Mode wie die Pariser. Shoppingmalls wie das *Rivetoile (3, Place Dauphine | rivetoile.com | d6)* südlich der Innenstadt sind schwer angesangt. Mode- und Designerboutiquen konzentrieren sich in den Straßen *Rue des Hallebardes, Rue Mésange* und *Rue des Grandes Arcades (b–c4)* sowie im Geflecht von Straßen und Gassen rund ums Münster.

Feinkostläden mit Wein, Käse, Wurst findet man meist in den Gassen. Um *la baguette* wird ein Kult gemacht wie sonst nirgends auf der Welt. Wer etwas auf sich hält, backt es mit Sauerteig, dann ist die Krume feucht und luftig und die Kruste trotzdem knusprig. Zu den besten Bäckern gehören die *Boulangerie Woerlé (12, Rue de la Division Leclerc | c5), Les Mains dans la Farine (16, Rue du 22 Novembre | b4)* und *Pain de mon Grand-Père* in der Krutenau und vor dem Münster. Sensationell gute Macarons gibts bei *Pierre Hermé* im Kaufhaus *Galeries Lafayette (34, Rue du 22 Novembre | b4)*. Ein Muss!

Achtung: Am Montagvormittag sind viele Geschäfte geschlossen!

L'ARTISAN PARFUMEUR

Die kleine Parfümerie ist ein Schatzkästlein in Sachen exklusiver Düfte und Modeschmuck. Die mit Halbedelsteinen und Emaille verzierten Ringe, Ohrringe, Broschen, Armreife sieht man öfters in Straßburg. *3, Rue de l'Outre | b–c4*

LA DROGUERIE

Schön gemachter Laden mit altem Mobiliar, der in Sachen Stoffe, Tücher, Garne wunschlos glücklich macht. Außerdem im Sortiment: Aufnäher, Knöpfe und süße Kinderkleidung. *20, Rue des Serruriers | c4–5*

LE THÉ DES MUSES

INSIDER-TIPP **Duftalarm!**

Nirgendwo duftet es so interessant und fein wie hier! Der Teeladen führt über 300 Sorten (auch Bio) aus aller Welt. Im angeschlossenen *salon de thé* lässt sich bei Wohlfühljazz und Käsekuchen prima abschalten. *19, Rue Sainte-Barbe | thedesmuses.blogspot.com | b4*

LE PETIT SOUK

Auf kleinstem Raum tauchst du hier ein in die bunte Welt von Glaskugeln, Spielzeugautos und Plüschtieren. Diese kleine Boutique lässt träumen und erfüllt Träume. So süß! *113, Grand'Rue | b4*

PAIN D'ÉPICES MIREILLE OSTER

Mireille Oster ist die Königin der (Lebkuchen-)Herzen. Ob zu Kaffee, Tee oder einem Glas Crémant, *pain d'épices* hat immer Saison, wissen die Elsässer. Dank der Gewürze aus aller Welt schmecken Osters Lebkuchen doch ein bisschen anders. *14, Rue des Dentelles | tgl. 9–19 Uhr | mireille-oster.com | b5*

ATELIER BISCUIT CÉRAMIQUE

Jede Tasse, jeder Teller ist ein Unikat von der Töpferscheibe. Wer neues Geschirr braucht, wird sich in Lisa Débats Handwerkskunst verlieben. Schöne Farben, klare Formen und gut in der Hand. Die Töpferin bietet samstags auch Einsteigerkurse an (nur mit Voranmeldung!). *5, Quai Charles Altorffer | Mo geschl. | atelierbiscuitceramique.com | a4*

BÜCHER- UND FLOHMARKT

Jeden Samstagvormittag findet zwischen Place Gutenberg und Ancienne Douane ein schöner Flohmarkt mit Büchern, Geschirr und Krimskrams statt. Gutes Angebot, gehobene Preise. *c4–5*

MARCHÉ DES PRODUCTEURS

Klein und fein, übersichtlich, aber gut bestückt: Der Erzeugermarkt am Samstagvormittag bringt die Köstlichkeiten des Elsass in die Stadt. Käse, Butter, Honig etc. stammen von kleinen Bauernhöfen und Metzgereien, vieles davon in Bioqualität. *Rue de la Douane | c5*

MON ONCLE MALKER DE MUNSTER

Warum in die Berge gehen? Dieser Laden ist *die* Anlaufstelle für Käse und andere Delikatessen aus den Vogesen. Auf Wunsch gibt es Sandwiches, z. B. *Knack-knack* oder *L'Extrawurscht. 4, Place de la Grande Boucherie | tgl. 10.30–19.30 Uhr | c5*

ARTS & COLLECTIONS D'ALSACE

Tischdecken und Brottaschen aus dem elsasstypischen Leinenstoff Kelsch, historische Fotografien und Geschirr und Töpferwaren gehören in jedes Touristengeschäft. Dieses hier ist anders,

Vom wagenradgroßen Bergkäse bis zum kleinen Stinker: Marché des Producteurs

nicht so voll gestopft und angenehm unaufgeregt geführt. Keine Plüschstörche! *4, Place Marché aux Poissons | arts-collections-alsace.com | c5*

OENOSPHÈRE

Benoît Hecker weiß, was ankommt: ein großes Weinsortiment, viel Atmosphäre und eine *bar à vin* zum Degustieren, z. B. mit einer gratinierten *tartine* oder einer *planchette de charcut'*. *33, Rue de Zurich | oenosphere.com | d5*

MARCHÉ DU NEUDORF

Neudorf ist angesagt. In der Markthalle trifft sich Gott und die Welt, und das zu Recht. Hier findest du Obst, Gemüse, Sauerteigbrot, Kuchen, Käse und Wurst der Saison und aus der Region – viel besser gehts nicht. *Place du Marché (Tram C bis Landsberg) | Sa 7–13 Uhr | 0*

SPORT & SPASS

BASKETBALL & FUSSBALL

Als Straßburgs Fußballer unterirdisch kickten, war das Basketballteam *SIG (sigstrasbourg.fr)* die Rettung. Die Heimspiele der SIG sind dank solider Leistung eine fröhliche Angelegenheit. Die Stimmung hat sich auch bei den Kickern von *Racing Strasbourg (rcstrasbourgalsace.fr)* gebessert, seitdem sie wieder in Ligue 1 spielen.

Cabrio mal anders: im Boot über die Ill und durch die Petite France

„Allez les Bleus" und auch „Jetzt gehts los": Das Stadion in der Meinau (*0*) bebt wieder.

BOOTSFAHRT AUF DER ILL ★

Ob „pur" oder mit Menü, Weinprobe oder als Diskothek, eine Fahrt mit dem Panoramaboot über Ill und Kanäle ist eine wunderbare Sache. Wer sich für Stadtarchitektur (Fachwerk, Gründerzeit, Europaviertel) interessiert, wird große Augen machen. *Ablegestelle am Palais des Rohan | batorama.fr | c5*

BOWLING & BILLARD

Hier rollt die Kugel wie auf einer amerikanischen Bowlingbahn. Mit Bar, Restaurant und Billard. *Le Bowling de l'Orangerie | Tel. 03 90 41 68 00 | Mo–Do 13.30–2, Fr/Sa 10–3, So 9–3 Uhr | jardinorangerie.fr/bowling | 0*

ELEKTROBOOTE

Leinen los! Als Kapitän mit eigener Mannschaft kannst du auf Straßburgs Kanälen und Flüssen die nächste Bar ansteuern oder einfach so drauflosschippern. Dafür brauchst du keinen Führerschein. *Marin d'Eau Douce (5, Quai du Woerthel | marindeaudouce.fr | a–b5); Captain Bretzel (Quai du Bassin Dusuzeau | captainbretzel.eu | f6)*

FAHRRADVERLEIH

Mittlerweile herrschen in Straßburg holländische Verhältnisse, das *vélo* hat Vorrang und das Radwegnetz wächst und wächst. Tourentipps, etwa über die „Piste des Forts", Straßburgs Festungsgürtel im Umland, hat das Office de Tourisme. Leihräder gibt es reichlich, z. B. am Bahnhof: *Boutiques Vélhop | 6 Euro/Tag | velhop.strasbourg.eu | a3–4*

HOCHSEILGARTEN NATURA PARC

Der Hochseilgarten in Ostwald 7 km südwestlich vom Zentrum bietet auf fünf verschiedenen Parcours Nervenkitzel pur. Die größte Herausforderung liegt auf 20 m Höhe. Außerdem im Programm sind eine GPS-Tour durch den Illwald und ein Pendelsprung über 15 m. *Rue de la Nachtweid | Ostwald | stark gestaffelte Tage und Zeiten s. Website | naturaparc.com | 0*

Kulturpolitisches Kuriosum: die von Straßburg, Mulhouse und Colmar betriebene Rhein-Oper

INDOOR-BIKEPARK STRIDE

Warum die Natur zuschanden fahren, wenn's auch anders geht? Europas größter Indoor-Bikepark befindet sich in einem ehemaligen Bahnhof und bietet dir das pure Abenteuer. Auf zwei Pumptrails und einem Crosstrail gehts über Asphalt und Holz ans Eingemachte. Springen, landen, stürzen und wieder auf den Sattel. *48, Chemin Haut | stride-indoorbikepark.fr | a1*

PARKS

Franzosen lieben Parks! In der *Orangerie (Avenue de l'Europe | f2)* kannst du flanieren, Tischtennis spielen, skaten, Versteck spielen, picknicken, Eis essen oder auf dem See rudern. Noch großzügiger und weitläufiger ist der Schlosspark in der *Robertsau* (s. S. 65). Wenn du einfach nur ein bisschen Ruhe suchst und Pflanzen toll findest, dann wird der *Jardin Botanique (28, Rue Goethe | März–Okt. tgl. 15–18, Mai–Aug. bis 19, Nov.–23. Dez. 14–16 Uhr | jardin-botanique.unistra.fr | e4)* in der Neustadt dein Lieblingsplatz.

PRESQU'ÎLE MALRAUX

Auf der Halbinsel probiert sich Straßburg als Partystadt für alle. Mittendrin steht die neue *Médiathèque André Malraux* mit einem ganzen Blätterwald internationaler Zeitschriften und einer Cafébar. Sobald jedoch die Sonne scheint, hockt keiner drin, dann feiert Straßburg an den ehemaligen Docks den Sommer auf 900 t Sand, die eigens aufgeschüttet wurden.

Strand, Kinderprogramm, Liegestühle, Paddel- und Tretboote (gratis) sowie Livemusik und Animationen sorgen für ein ganz spezielles Mikroklima. Die Côte d'Azur ist nicht schöner, nur teurer. *ete. strasbourg.eu* | *d–e6*

RIKSCHA-STADTRUNDFAHRTEN

Ungewohnt, aber lustig ist die Stadtentdeckung mit der Rikscha. Abfahrt ist – nur bei gutem Wetter – am Kathedralplatz. *Tel. 06 16 56 22 62* | *cyclora ma-strasbourg.com* | *c4*

SEGWAYVERLEIH

Stehend auf Achse, allein oder mit einer Gruppe: Auch so kannst du die Stadt erkunden. *One City Tours* | *5, Petite Rue du Vieux Marché aux Vins* | *Tel. 09 84 46 39 24* | *onecity-tours.com* | *b4*

WELLNESS

BAINS MUNICIPAUX DE STRASBOURG

Das 1908 erbaute städtische Bad, auch bekannt als *Bains Romains,* war arg in die Jahre gekommen und musste aufwendig restauriert werden. Jetzt strahlt es wieder dank Sauna, Salzgrotte und Jacuzzi sowie verschiedenen Wellnessangeboten. Badehose nicht vergessen! *10, Boulevard de la Victoire* | *d4*

AUSGEHEN & FEIERN

Abends wird aus Straßburg „Stras", wie Junge und Junggebliebene ihre Stadt nennen. Schon donnerstags fängt für Studenten *le weekend* an, in den meisten Clubs ist der Eintritt dann gratis. Neue Clubs kommen und gehen, sie heißen *Kalt (1, Rue La Fayette* | *k-alt.com* | *0), La Kulture (9, Rue des Bateliers* | *Facebook* | *d4–5), The Drunky Stork Social Club (24, Rue du Vieux-Marché-aux-Vins* | *thedrunky storksocialclub.com* | *b4)* oder *La Grenze (23, Rue Georges Wodli* | *la grenze.eu* | *a3).*
Aber natürlich hat Straßburg auch seine unverwüstlichen Klassiker, dazu gehören das *Café des Anges (5, Rue Sainte-Catherine* | *d5), La Salamandre (3, Rue Paul Janet* | *d5)* und der Houseclub *Living Room (11, Rue des Balayeurs* | *e4),* alle im Studentenviertel Krutenau. Livemusik gibt es z. B. bei *Les Savons d'Hélène (6, Rue Sainte-Hélène* | *b4)* und im *L'Artichaut (56, Grand'Rue* | *b4).*
Straßburgs definitiv größte Konzerthalle ist auch Frankreichs größte: *Le Zénith (1, Allée du Zénith* | *zenith-stras bourg.fr* | *E6)* bringt die Superstars in die Stadt, egal ob aus Chanson, Volksmusik oder Heavy Metal. Die kleinere *Laiterie (13, Rue du Hohwald* | *laiterie.artefact.com* | *0)* ist der Aktivposten in Sachen Rock, Pop, Reggae und mehr. Die Macher haben ein feines Näschen für die Trends von morgen. Wer selbst auf die Bühne will, findet Karaokebars wie *Bunny's Bar (1, Rue de l'Épine* | *c5),* wo ein gewisser Student namens Emmanuel Macron als „König des Karaoke" und Chansonexperte in guter Erinnerung blieb. Für Klassik, Ballett und (auch deutschsprachiges) Theater sind *Rhein-Oper (19, Place Broglie* | *operanatio*

naldurhin.eu | *c3), Théâtre National de Strasbourg (1, Avenue de la Marseillaise* | *tns.fr* | *d3)* und das neu gebaute *Le Maillon (1, Bouleverad de Dresde* | *le-maillon.com* | *0)* erste Wahl. Was wo stattfindet, erfährt man in Magazinen wie *Poly* und im *Le 5e Lieu (5, Place du Château* | *c4);* dort auch Kartenvorverkauf.

CAFÉ ATLANTICO

Die einen sitzen hier wegen des süffigen Biers, die anderen wegen der Aussicht. Alle haben recht. Besonders schön ist es auf der Flussseite des Kahns. Was zu schnabulieren gibts zu jeder Stunde, z. B. Cheesecake, *charcuterie* und manchmal Austern. *Quai des Pêcheurs* | *tgl. 7–1.30 Uhr* | *cafe-atlantico.net* | *d4*

LES AVIATEURS

Eine zeitlose Institution: Schon ewig ist die „Fliegerbar" der heiße Tipp für alle Nachteulen. Das einzige Problem in der American Bar ist es, einen Platz an der Theke zu bekommen; aber das Anstehen lohnt sich. *12, Rue des Sœurs* | *tgl. 22–4 Uhr* | *les-aviateurs.com* | *c4*

PLACE MARCHÉ GAYOT

Beim kurz PMG genannten Platz ist es egal, wo man hockt, Hauptsache, man hat einen freien Tisch ergattert. Hier hat man das Gefühl, dass ganz Straßburg beim Kaltgetränk die tropischen Nächte genießt. *c4*

LA MANDRAGORE

INSIDER-TIPP **Ein Bierchen unter Schlangen und Spinnen**

Diese Bar hat ordentliche Whiskeys, frisches Bier, Kaffee – und vor allem ein gruseliges Interieur. Wer sich vor Schlangen, Spinnen, Echsen etc. fürchtet, muss sich wohl Mut antrinken. Essen mitzubringen ist erlaubt! *1, Rue de la Grange* | *Di–Sa 15–1, So 16–24 Uhr* | *barlamandragore.blogspot.com* | *b4*

AEDAEN PLACE

INSIDER-TIPP **Geheim, geheim**

Hier musst du rein, wenn du dich für neue Kunst interessierst, Pizza essen willst oder bei Regen Kaffee und Kuchen brauchst. Wenn du die vielleicht besten Cocktails, Drinks und Shots der Stadt suchst, dann frag nach der geheimen Tür! Der *Secret Place* ist nicht exklusiv, sondern nur gut versteckt. *4–6, Rue des Aveugles* | *So–Mi 18–1.30, Do–Sa 18–4 Uhr* | *aedaen-place.com* | *b4*

LE TROLLEY BUS

Ultracool ist dieser Treffpunkt für Arte-Redakteure, Erasmus-Studenten, Nachtschwärmer und Kellner, die hier nach getaner Arbeit noch zwei Bier kippen. *14, Rue Sainte-Barbe* | *Mo–Do 11–1.30, Fr/Sa 11–4, So 14–1.30 Uhr* | *b4*

THÉÂTRE DE LA CHOUCROUTERIE

Zwar kann man hier auch *choucroute* essen, aber zuallererst ist die Choucrouterie eine Bühne, deren Direktor, der Kabarettist Roger Siffer, in beiden Sprachwelten zu Hause ist. So gibt es derben Witz und launige Stücke zum Welt- und Stadtgeschehen oftmals gleichzeitig auf zwei Bühnen in Elsäs-

Barhopping für Gehfaule? Auf der Place Marché Gayot sitzt an Sommerabenden halb Straßburg

sisch und Französisch. *20, Rue Saint-Louis | choucrouterie.com | 🕮 b5*

RUND UM STRASSBURG

WEINDÖRFER

25 km bis Traenheim westlich von Straßburg/30 Min. über die A351, N4 und D225

Das Paradies liegt vor der Haustür, zumindest für die Straßburger, die hier ihren Riesling einkaufen. Zu den Topadressen gehören z. B. *Clément Lissner (lissner.fr)* in Wolxheim, *Étienne Loew (domaineloew.fr)* aus dem Kirschendorf Westhoffen und *Charles Muller (alsacemuller.fr)* in Traenheim, dessen „Spretzi" so heißt, wie er schmeckt: spritzig. Beim Crémant ist die *Cave du Roi Dagobert (cave-dagobert.com)*, ebenfalls in Traenheim, eine Macht. Das Traenheimer Restaurant *Le Loejelgucker (17, Rue Principale | Tel. 03 88 50 38 19 | Mo-Abend, Di-Abend und Mi-Abend geschl. | aubergedetraenheim.com | €–€€)* lässt Flammkuchen und die feine Küche hochleben, ob drinnen in der original Elsässer Stuwa oder draußen im lauschigen Garten – eine Institution! *🕮 D6*

SCHÖNER SCHLAFEN IN STRASSBURG

EIN HAUS VOLLER STREET-ART

Street-Art ist auch in Straßburg das ganz große Ding, wie man hier überall sehen kann. Dank der Kreativität der Elsässer Szene ist jedes Zimmer im *Graffalgar (38 Zi. | 17, Rue Déserte | Tel. 03 88 24 98 40 | graffalgar.com | €€ | 🕮 a4)* anders. Mit Frühstück, Brunch und Mittagstisch in der angeschlossenen *La Graffateria (€)*.

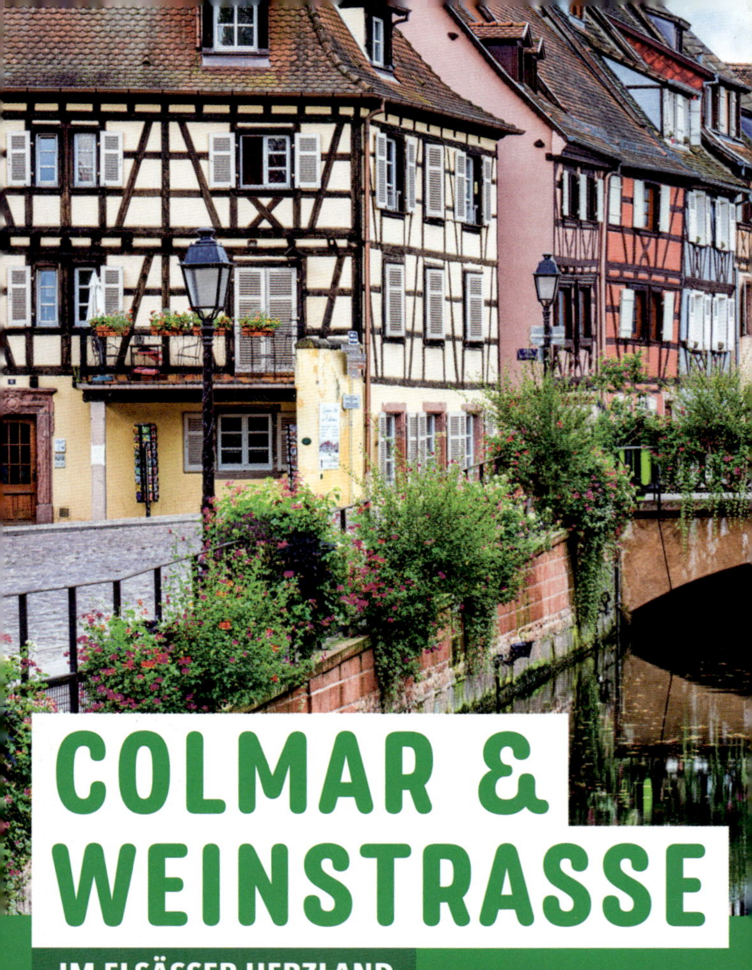

COLMAR & WEINSTRASSE

IM ELSÄSSER HERZLAND

Hier muss sich keiner fragen, warum sich Zeichner wie Onkel Hansi oder Tomi Ungerer ins beschauliche Dorfleben verliebten: Rund um Colmar schmiegt sich der schönste Teil des Elsass – Idylle pur. Hier klappern die Störche, tuckern Traktoren durch die Weindörfer und überall duftet es nach Flammkuchen.
Klein, aber sehr, sehr fein präsentiert sich die Departementshauptstadt Colmar mit ihren Kunstschätzen, die der Stadt einen Platz auf der touristischen Weltkarte sichern. Aber auch Seléstat, Obernai,

Fachwerkhäuser und Kopfsteinpflastergassen: Quartier des Tanneurs in Colmar

Barr haben ihre Schätze. Landschaftlich ist dieser Teil des Elsass besonders spannend: Auen zwischen Rhein und Ill, die Weinstraße, die Wälder und ganz oben die Hochvogesen, die eine Welt für sich sind. Wer sich all das erobern will, hat die Qual der Wahl, aber auch den Vorteil, dass alles nah beieinander liegt. Am besten verschafft man sich einen Überblick. Wo? Vielleicht von einer Ritterburg, einem Weinberg oder einem Gipfel. Hier bist du dem Himmel schon ein ganzes Stück näher.

COLMAR & WEINSTRASSE

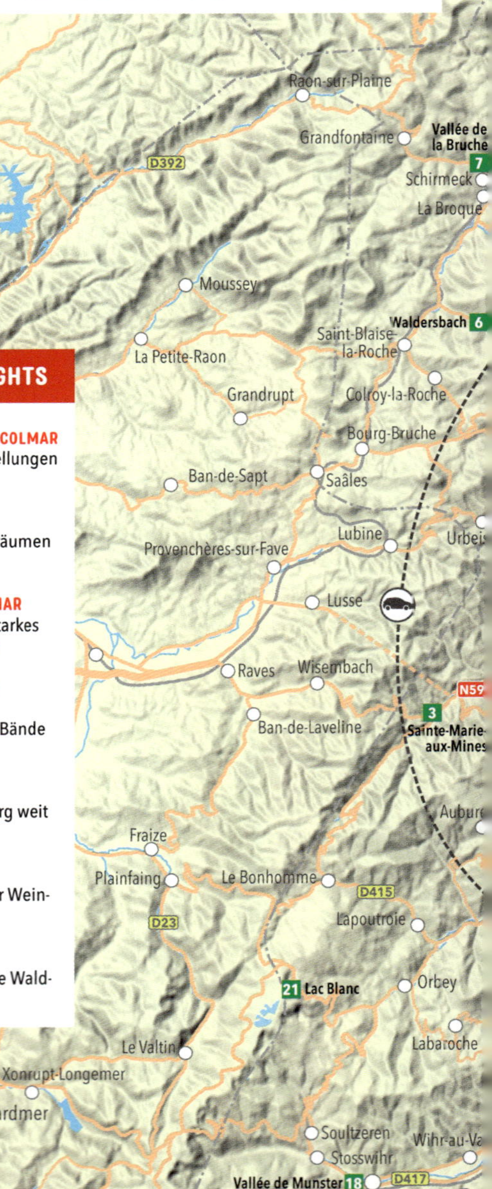

MARCO POLO HIGHLIGHTS

★ **MADONNA IM ROSENHAG IN COLMAR**
Eine der schönsten Mariendarstellungen überhaupt ➤ S. 88

★ **PETITE VENISE**
Das alte Colmar, ein Platz zum Träumen ➤ S. 87

★ **ISENHEIMER ALTAR IN COLMAR**
Erschreckend, ergreifend – ein starkes Stück deutscher Malerei ➤ S. 88

★ **BIBLIOTHÈQUE HUMANISTE IN SÉLESTAT**
Hier spricht die Buchgeschichte Bände ➤ S. 80

★ **HAUT-KŒNIGSBOURG**
Schöner und stolzer ist keine Burg weit und breit ➤ S. 82

★ **MITTELBERGHEIM**
Der kleinste Hotspot der Elsässer Weinkunst ➤ S. 84

★ **MONT SAINTE-ODILE**
Ein mystischer Ort für sagenhafte Waldspaziergänge ➤ S. 85

Oberschaeffolsheim
Strasbourg
Achenheim
Soultz-les-Bains
Dachstein
Niederhaslach
Still
Molsheim
Mutzig
Entzheim
Illkirch-Graffenstaden
Urmatt
D1420
Wisches
Duttlenheim
Mollkirch
A352
Dorlisheim
Geispolsheim
Grendelbruch
Rosheim
N353
D500
Fegersheim
Eschau
Bœrsch
Obernai
13
A35
Krautergersheim
55 km, 50 Min.
Ottrott
D426
12
Mont Sainte-Odile
D1083
Heiligenstein
Valff
Erstein
Lebkuchenhaus
Musée du Pain d'Épices
Le Hohwald
Barr
10
11
5
Champ du Feu
9
Mittelbergheim
Andlau
8
Stotzheim
Benfeld
Breitenbach
Albé
Nothalten
Epfig
4
Val de Villé
Blienschwiller
Villé
Kogenheim
COLLECTIVITÉ EURO-PÉENNE D'ALSACE
Ferme des Tuileries
15
Rhinau
D424
Dieffenthal
D35
14
Ebersmunster
Ebersheim
Scherwiller
Diebolsheim
Hilsenheim
20 km, 25 Min.
Châtenois
Bibliothèque Humaniste
D468
Rust
Montagne des Singes & Volerie des Aigles
2
Sélestat
S. 80
Sundhouse
1
Haut-Kœnigsbourg
Thannenkirch
Orschwiller
Rodern
Schœnau
Bergheim
N83
Artolsheim
25 km, 30 Min.
24
Ribeauvillé
Weisweil
23
Naturoparc Hunawihr
Illhaeusern
22
Riquewihr
Marckolsheim
Wyhl am Kaiserstuhl
30 km, 35 Min.
D1B
Bennwihr
Endingen am Kaiserstuhl
Kaysersberg
Sasbach am Kaiserstuhl
Ammerschwihr
DEUTSCH-LAND
Holtzwihr
Artzenheim
Burkheim
Colmar
S. 87
Madonna im Rosenhag
Isenheimer Altar
Petite Venise
16
Turckheim
Bötzingen
Château du Hohlandsbourg
Andolsheim
Ihringen
Eguisheim
A35
D415
Husseren-les-Châteaux
Breisach am Rhein
Herrlisheim-près-Colmar
Neuf-Brisach
Hochstetten
Sainte-Croix-en-Plaine
25
MAUSA Vauban

Saint-Georges (li.) und die Doppeltürme von Sainte-Foy: Hingucker im Stadtbild von Sélestat

SÉLESTAT

(▯ D9) **Sélestat (19 000 Ew.) ist die Stadt der Bücher, der Türme, der Kirchen und des Brots.**

Wundere dich nicht, wenn du einen verführerischen Brotduft in die Nase bekommst – die Stadt hat sogar ein Brotmuseum. Vor langer Zeit war sie zudem ein religiöses Zentrum. Heute ist Schlettstadt, so der deutsche Name, eine gemütliche Kleinstadt zwischen Reben und Ried, die sich rühmt, den Brauch des weihnachtlichen Tannenbaums erfunden zu haben, und mit der Humanistischen Bibliothek ein Weltkulturerbe aufzuweisen hat.

SIGHTSEEING

BIBLIOTHÈQUE HUMANISTE ★

Die berühmte Sammlung der Humanistischen Bibliothek geht auf die Bücherei der Humanistenschule und eine Schenkung von Beatus Rhenanus (1485–1547) zurück. Der Humanist und Philologe stand mit Geistesgrößen aus ganz Europa in Verbindung und sammelte Bücher – darunter bibliophile Kostbarkeiten wie Inkunabeln, sogenannte Wiegendrucke aus der Frühzeit des Buchdrucks. Mittlerweile wurde das Museum im ehemaligen Kornhaus vom Architekten Rudy Ricciotti neu gestaltet und auf angenehme Art modernisiert. Einige Bücher sind ausgestellt und andere digital erleb- und lesbar gemacht. Wer sich für farbenprächtige Handschriften aus Klöstern, ein Architekturbuch aus dem 10. Jh. oder ein Kräuter- und Pflanzenbuch aus der Reformationszeit interessiert, ist hier richtig. *1, Place Dr. Maurice Kubler | Mai–Sept. und Dez. Di–So 10–12.30 und 13.30–18, Feb.–April und Okt./Nov. 13.30–17.30 Uhr | bibliotheque-humaniste.fr | ⏱ 1–2 Std.*

LA MAISON DU PAIN D'ALSACE

Wie kommt der Knoten in die Brezel? Das und vieles mehr erfährst du im 1522 erbauten, frisch renovierten Haus der Bäckerinnung. Für den „Museumsshop" gilt: Altbacken war gestern – hier sind alle Produkte ofenfrisch! *Rue du Sel | Di–Sa 9–18, So 9–12.30 und 14–18 Uhr | maisondupain.org | 1½ Std.*

KIRCHEN

Finde den Ritter! Die romanische Kirche *Sainte-Foy* an der Place du Marché Vert wirkt nur auf den ersten Blick schmucklos. Im Inneren besitzt sie Mosaiken, wunderbare Figuren und am Eingang einen in Stein geritzten Ritter. Die gotische *Saint-Georges* am gleichnamigen Platz wurde von Straßburger Dombaumeistern gebaut, was auch ihre Höhe von 60 m erklärt – damit ist sie eine der höchsten Kirchen im Elsass. Während der Französischen Revolution wurde sie verwüstet, die Wandmalereien und Bleiglasfenster sind aber immer noch prachtvoll.

ESSEN & TRINKEN

CHEZ YOUPEL

Hier stimmt das Preis-Leistungs-Verhältnis, man versteht sich auf Rindfleisch, hält *la choucroute* und *la soupe* in Ehren und probiert auch Neues wie *tartines,* also belegte Brote. Sélestat ist begeistert, du bestimmt auch! *24, Rue Président Poincaré | Tel. 03 88 92 29 82 | Mo-Abend, Mi-Abend und außer im Sommer Do geschl. | chezyoupel.fr | €*

RESTO BIO L'ACOUSTIC

Für den ehemaligen Sozialarbeiter André hat sich der Selbstfindungstrip gelohnt – jetzt macht er das, was er eigentlich schon immer wollte: mit Biogemüse kochen. Bei schönem Wetter sitzt man draußen. *5, Place du Marché Vert | Tel. 03 88 92 29 40 | So und außer Fr/Sa abends geschl. | restobiolacoustic.com | €*

SCHATZY

Mittags nur ein Menü, abends eine kleine Karte, das ist mutig. Auch das kulinarische Elsass ist kein großes Thema, dafür aber Liebe zum Produkt, die Kunst des Abschmeckens und ein top Weinangebot. Madame Schaetzle hat's drauf! *8, Rue des Chevaliers | Tel. 03 88 82 48 76 | So/Mo geschl. | Facebook | €*

LA COURONNE

„Die Krone" trägt ihren Namen zu Recht: Im 6 km entfernten *Scherwiller* backen und kochen die Lordsiegelbewahrer der elsässischen Heimatküche Flammkuchen, Wildgerichte, den besten Kalbskopf weit und breit und eine famose Rieslingsuppe. *2, Rue de la Mairie | Tel. 03 88 92 06 24 | tgl. | couronne.com | €*

WINSTUB DU RORSCHWIHR

11 km südwestlich liegt dieses Paradebeispiel für eine gute *Winstub:* faire Preise, kleine Karte mit Wurschtsalat und Winzerpastete ... Wirt Helmut ist ein lustiger Kerl. „Wir sind eine richtige Winstub!", tönt er. Genau so fühlt es sich auch an. *Merci vielmols! 2, Place de l'Église | Tel. 03 89 22 12 69 | So/Mo geschl. | restaurant-rorschwihr.fr | €*

SHOPPEN

Während Bäcker *Marcel Kientz (9, Rue Président Poincaré)* seinen „Meier-Sepp-Kuchen" rühmt, schwört Metzger *Richard Jaeglie (3, Place de la Victoire)* auf seine „Klöpfer" und „Krakauer". Noch mehr regionale Delikatessen gibt es samstagvormittags auf dem *Biomarkt* und dienstagvormittags auf dem *Wochenmarkt*. Noch feiner wird es im Shop der *Ferme Riedwasen (44, Rue des Chevaliers | lapetitefermeriedwasen.fr)* mit ihrem Käsesortiment aus halb Europa sowie Schinken und über 100 Weinen.

RUND UM SÉLESTAT

1 HAUT-KŒNIGSBOURG 

15 km westlich von Sélestat/25 Min. über die D 159

Perfekt! Von der Rheinebene sieht die Silhouette der Hohkönigsburg wie eine ideale Zuspitzung des Bergs aus, auf dem sie sitzt. Die Burg hat eine lange Geschichte, aber berühmt wurde sie erst durch Kaiser Wilhelm II., der sie von 1901 bis 1908 originalgetreu und doch phantasievoll restaurieren ließ. 32 000 Steine wurden für Bergfried, Wälle, Windmühle, Türme und Tore verbaut. Auch innen wurde nicht gespart, alte Möbel, Ritterrüstungen und sogar ein Drache machen den Besuch zum Erlebnis. Mittelalterfeste kommen hier besonders authentisch rüber. Vom Bahnhof Sélestat fährt ein *Shuttlebus (Ligne 500 | Mitte Juni–Mitte Sept. tgl., sonst Sa/So)* auf die Burg, dessen Fahrplan an den der Züge angepasst ist. *Stark gestaffelte Zeiten s. Website | haut-koenigsbourg.fr | 2 Std. | D9*

2 MONTAGNE DES SINGES & VOLERIE DES AIGLES

10 km westlich von Sélestat/20 Min. über die D 159

Ganz in der Nähe verlocken zwei weitere Attraktionen zu Abstechern: Im Affenwald *Montagne des Singes (stark gestaffelte Zeiten s. Website | montagnedessinges.com)* werden nordafrikanische Berberaffen auf die Auswilderung vorbereitet und laufen frei herum. Und in der *Volerie des Aigles (stark gestaffelte Zeiten s. Website | voleriedesaigles.com)* auf der Kintzheimer Burg lässt man Adler und andere Greifvögel Kunststücke vollführen. *D9*

3 SAINTE-MARIE-AUX-MINES

23 km westlich von Sélestat/30 Min. über die N 59

Der 5000-Ew.-Ort im Val d'Argent (Silbertal) war früher eine Bergwerksstadt. Mehrere *Museumsbergwerke (stark gestaffelte Zeiten s. Website | asepam.org)* erzählen von der Härte in alter Zeit. *C9*

4 VAL DE VILLÉ

16 km nordwestlich von Sélestat/25 Min. über die N 59 und D 424

Im benachbarten Weilertal ist Schnaps ganz groß. Während *Nusbaumer (23, Grand'Rue)* in *Steige* den Traditionalisten gibt, machen die Brüder Meyer in *Châtenois* in Whisky, sogar mit Museum: *Maison du Distillateur (Route de Villé | Di–So 9–19 Uhr | maisondudistil lateur.fr)*. Im Hauptort *Villé* kocht das *Restaurant Wendling (5, Place Charles de Gaulle | Tel. 03 88 57 26 36 | Mo-Mittag und außer Fr/Sa abends geschl. | restaurant-wendling.fr | €)* sehr gute (Fisch-)Gerichte (freitags Sushi!). *C8*

5 CHAMP DU FEU

30 km nordwestlich von Sélestat/ 40 Min. über die N 59, D 424, D 425 und D 57

Der auch Hochfeld genannte Berg (1100 m) hat magisches Flair. Moderne Plastiken, ein Turm und eine krautige Freifläche ergeben einen ganz eigenen Zauber. Hier und da federt der Boden: Hochmoor! Ganz ausgezeichneten Kuchen und immer etwas Warmes auf der Karte hat die *Auberge Hazemann (Tel. 03 88 97 30 52 | tgl. | montchampdufeu.com | €)*. *C7*

6 WALDERSBACH

35 km nordwestlich von Sélestat/ 45 Min. über die N 59, D 424, D 425 und D 57

Das wunderbar bestückte *Musée Oberlin (25, Montée Oberlin | April–Sept. Mi–Mo 10–19, Okt.–März 14–18 Uhr | musee-oberlin.com | 1 Std.)* zeigt die Welt des Johann Friedrich Oberlin (1740–1826), der den Kindergarten erfand: Landkarten, Porträts, von ihm ersonnenes Spielzeug und Lernmaterial, Musikinstrumente sowie obskure Objekte seiner Sammellust. Oberhalb davon führt die *Allée des Fiancés,* die Allee der Verlobten, in den Wald: Seit über 250 Jahren pflanzen hier Ver-

Mittelalterflair und ein Weitblick bis zum Schwarzwald: die Hohkönigsburg

liebte Lindenbäume! Schöne Wanderziele wie der Wasserfall *Cascade de la Serva* (90 Minuten) schließen sich an. *C7*

7 VALLÉE DE LA BRUCHE

43 km bis Schirmeck nordwestlich von Sélestat/55 Min. über die N 59, D 424 und D 1420

Das waldreiche Breuschtal zieht sich von der Ebene bis hinauf zum keltischen Kultberg *Donon* (1008 m), der sich für kleine und große Wanderungen anbietet. Die wichtigste Stadt des Tals ist *Schirmeck*. Hier thematisiert die Gedenkstätte *Mémorial de l'Alsace-Moselle (Di–So, Mitte April–Sept. tgl. 9.30–18 Uhr | memorial-alsace-moselle.com)* kompromisslos die oft unheilvolle Geschichte des Elsass und seines Nachbardepartements Moselle. Die von den Deutschen im Zweiten Weltkrieg zwangsverpflichteten Elsässer und Lothringer, die *malgré-nous*, werden besonders gewürdigt. Im nahen *Natzwiller-Struthof* liegt das berüchtigte Konzentrationslager, heute die Gedenkstätte *Camp du Struthof (März–Weihnachten tgl. 9–17.30, Mitte April–Mitte Okt. bis 18.30 Uhr | strut hof.fr)*.

Die heitereren Seiten des Breuschtals kannst du mit Thierry erkunden: Er liebt Autos – und seine Heimat.

INSIDER-TIPP
Gib Gas, ich will Spaß!

Nun kutschiert er zum Pläsier Touristen stilecht mit seiner liebevoll restaurierten Ente, also einem Citroën 2 CV, zu seinen Lieblingsplätzen: *Excursions en 2 CV (Tel. 06 82 38 97 30 | 2cv-bruche.com)*. *C–D 6–7*

8 ANDLAU

17 km nördlich von Sélestat/25 Min. über die D 1422 und D 603

Winzer *Marc Kreydenweiss (12, Rue Deharbe | kreydenweiss.com)* war einer der Ersten, die nach den Lehren Rudolf Steiners biodynamisch arbeiteten. Gleich nebenan keltert *Jean Wach (16a, Rue Maréchal Foch | vins-wach-alsace.fr)*, der den gleichen Weinberg konventionell beharkt. Flammkuchen und Bettelmann (arme Ritter) schmecken superlecker auf der Terrasse des *Au Boeuf Rouge (6, Rue du Docteur Stoltz | Tel. 03 88 08 96 26 | Mi-Abend und Do geschl. | andlau-restaurant.com | €–€€)*. Oberhalb von Andlau lohnt eine gemütliche Wanderung von Le Hohwald aus zum Wasserfall *Cascade de l'Andlau*. *D8*

9 MITTELBERGHEIM ★

18 km nördlich von Sélestat/25 Min. über die D 1422

Das Weindorf ist einzigartig im Elsass: Steinhäuser statt Fachwerk, Sylvaner auf einer Grand-Cru-Lage und Weinbergtulpen, die ein Indikator für besonders gesunde Böden sind. Beim Wein herrscht harte Konkurrenz, die guten (Bio-)Adressen *(Rietsch, Rieffel, Kleinknecht, Wantz)* residieren alle in der Rue Principale. Allein auf weiter Flur ist *Hansmann*, der Schnäpse mit Altersweisheit brennt und einen Crémant mit Pep produziert. Im Sommer findet mittwochs der *Sommermärik* statt: Du kaufst eine Grillwurst, etwas Käse, Baguette, dazu ein Bier oder eine Flasche Wein und suchst dir ein nettes Plätzchen – so lernt man Leute kennen. *D7*

Das Mémorial in Schirmeck erinnert an Unrecht und Leid, das Nazideutschland brachte

10 BARR

20 km nördlich von Sélestat/20 Min. über die A 35 und D 5

Verrückt, aber wahr: In dem Weinstädtchen (7200 Ew.) sammelte sich ein Reicher in den Ruin. Was macht man mit den angehäuften Schätzen? Ein Museum! Das *Musée de la Folie Marco (30, Rue du Dr. Sultzer | Mai–Sept. Mi–Mo 10–12 und 14–18 Uhr | musee-foliemarco.com | 1 Std.)* zeigt den Luxus alter Tage, Gemälde, Möbel, Nippes. Im Keller der Villa mit sehr schönem Garten befindet sich das Restaurant *Caveau Folie Marco (Tel. 03 88 08 22 71 | Sa-Mittag geschl. | caveau-foliemarco.fr | €–€€)*, das lecker elsässisch kocht. Oberhalb von Barr gibt es schöne Wanderziele, z. B. die gut ausgeschilderte Burgruine *Bernstein* (hin und zurück zwei Stunden). *D7*

11 LEBKUCHENHAUS MUSÉE DU PAIN D'ÉPICES IN GERTWILLER

20 km nördlich von Sélestat/ 20 Min. über die A 35

Lebkuchen geht immer, zumindest im Elsass. Das Lebkuchenhaus in Gertwiller verdient das Prädikat Schatztruhe. Wer eine Führung mitmacht, bekommt nicht nur die volle Dröhnung alten Bäckerhandwerks, sondern darf auch naschen. Ehrlich, hier gibts die besten Zimtsterne! *110, Rue Principale | Mo–Sa 9–12 und 14–18, So 9.30–12 und 14–17.30 Uhr | paindepices-lips.com | 1 Std. | D7*

12 MONT SAINTE-ODILE ★

33 km nördlich von Sélestat/40 Min. über Barr

Der Legende nach wurde das Kloster auf dem 764 m hohen Odiliënberg durch die blinde Tochter eines Merowingerkönigs gegründet. Sehenswert

Entschleunigung pur: Mit Schiffer Patrick Unterstock gleitest du lautlos durchs Ried

sind die Kreuzgänge. Etwas unterhalb sprudelt die Odiliënquelle mit ihren angeblichen Heilkräften für die Augen. Das Kloster unterhält zudem ein Bistro. Von hier gehen zig Wanderwege ab, der spannendste ist der *Sentier Nord* mit geschnitzten Tieren am Wegrand, Höhlen, gigantischen Felsen, der uralten Heidenmauer und Burgen. Kindern wird es hier gefallen! *D7*

13 OBERNAI

25 km nördlich von Sélestat/25 Min. über die A 35

Die Kleinstadt (11 000 Ew.) ist als mittelalterliches Gesamtkunstwerk mit Stadtmauer, Türmen und Brunnen ein Fest fürs Auge. Die stylishe Weinhandlung *Barabos (1, Rue des Pèlerins)* hat die vielleicht besten Weine des Elsass, Winzer *Seilly (18, Rue du Général Gouraud)* den sagenhaften Pistolenwein (was es mit dem Namen auf sich hat, lässt du dir am besten erzählen), die *Boulangerie Degermann (73, Rue du Général Gouraud)* Baguette und andere Köstlichkeiten und die Bäckerei des Sternekochs *Thierry Schwartz (7, Rue du Marché)* führt gar ein Mittelding aus Croissant und Brioche. Einmal probiert, will man es nicht mehr missen, auch wenn das Teilchen seine Kalorien hat.

INSIDER-TIPP
Weinspezialität mit Geschichte

Gegenüber im *La Soupe à Memé (6–8, Rue du Marché | Tel. 03 88 48 90 83 | Mo geschl. | lacourdememe.com | €)* ist alles nach alten Rezepturen hausgemacht. Gute *Winstuben* sind *Le Freiberg (46, Rue du Général Gouraud | Tel. 03 88 95 53 77 | Di/Mi geschl. | le-freiberg.com | €–€€)*, das gern mit Pinot Noir kocht und auch Burger hat, und das *La Cloche (90, Rue du Général Gouraud | Tel. 03 88 95 52 89 | tgl. | €)* mit Wandmalereien von Charles Spindler im Hinterzimmer.

Das *L'O Espace Aquatique (6, Rue du Maréchal de Lattre de Tassigny | Mo–Fr*

10–20, Sa/So 9–12.30 und 14–19 Uhr | lo-obernai.fr) mit seinen Schwimmbecken und Spaangeboten ist das größte Bad im Elsass. Eine lustige Art der Fortbewegung bieten die *rosalies (Place de l'Ancienne Gare | Tel. 06 83 22 14 84 | lesrosaliesdupiemont.fr),* die du im nahen *Bœrsch* mieten kannst. Mit diesen rikschaartigen Tretmobilen saust du über die autofreie *Voie Verte,* eine ehemalige Bahntrasse zwischen Rosheim und Saint-Nabor. Natürlich kannst du die Strecke auch mit dem Rad, zu Fuß oder auf Inlinern erkunden. *D7*

14 EBERSMUNSTER

9 km nordöstlich von Sélestat/15 Min. über die D 1083

Die Barockkirche gilt wegen ihrer prächtigen Ausstattung, der Silbermann-Orgel und den drei Türmen als schönste in Ostfrankreich. Vom Nachbarort Muttersholtz steuert der letzte Flussschiffer *Patrick Unterstock (21, Ehnwihr | Tel. 03 88 85 13 11 | batelier-ried.com)* Ebersmünster mit dem Kahn an und erzählt dabei wilde Geschichten. Münchhausen wäre stolz auf ihn! *E8*

15 FERME DES TUILERIES

24 km nordöstlich von Sélestat/30 Min. über die D 21, D 211 und D 468

Ein Baggersee, fünf Rutschen und 130 m Sandstrand: Die Ferme des Tuileries in *Rhinau* am Rhein ist zwar ein Campingplatz, kann aber auch als Badesee genutzt werden – mit Duschen, Boule, Spielplatz, Fitnessanlage und Fahrradverleih. Abends kommt der Patron mit seinem Wägelchen auf den Platz und verkauft Apfelsaft frisch aus der Presse! *fermedestuileries.com | F8*

COLMAR

(D10) **Isenheimer Altar! Maria im Rosenhag! Klein-Venedig! Unterlinden-Museum!**

Das kleine Colmar (69 000 Ew.) zieht mit seinen Schätzen Besucher aus aller Welt an – und bleibt doch ein gemütliches Städtchen, wo alles seine Zeit hat, wie geschaffen für eine *pause café,* ein feudales Mittagessen oder *un schluck* in der Weinstube.

SIGHTSEEING

PETITE VENISE & QUARTIER DES TANNEURS

Als wunderbare Heimstatt der guten alten Zeit präsentieren sich das ehemalige Gerberviertel *Quartier des Tanneurs* sowie die noch hübschere Krutenau, genannt ★ *Petite Venise.* Hier am Ufer der Lauch mit Kopfsteinpflaster und vielen Restaurants und Weinstuben ist Colmar besonders pittoresk. Der neu gestaltete *Quai de la Poissonnerie* setzt dem Ganzen ein Krönchen auf. Gut zu genießen auf einer der Caféterrassen oder einer *Bootstour (April–Okt. | Ablegestelle Pont Saint-Pierre | nur mit Reservierung | barques-colmar.fr).*

MUSÉE BARTHOLDI

New York, New York: Wer weiß schon, dass der Schöpfer der Freiheitsstatue, Frédéric-Auguste Bartholdi (1834–

1904), aus Colmar stammt? In seinem Geburtshaus gibt es Pläne, Skizzen und Modelle sowie das Ohr der Freiheitsstatue in Originalgröße. Weitere Skulpturen vom Künstler kannst du in ganz Colmar entdecken. *30, Rue des Marchands | März–Dez. Di–So 10–12 und 14–18 Uhr | musee-bartholdi.fr*

CHOCO STORY

500 Sammlerstücke und Schokoladenskulpturen sind in der Choco Story zu sehen, sogar die Freiheitsstatue steht hier, natürlich auch aus Schokolade – aber nur zum Anschauen. Dafür gibt es zig süße Probierstationen und wenn Kinder in einem Workshop mitmachen, dürfen sie die 300-g-Tafel auch mit nach Hause nehmen. *12, Place de la Cathédrale | Feb.–Dez. Di–So 10–18 Uhr | choco-story-colmar.fr | 1½ Std.*

INSIDER-TIPP
Süß! Ein Schokoladenmuseum

ÉGLISE DES DOMINICAINS

Martin Schongauers Gemälde ★ Madonna im Rosenhag von 1473 hat die riesengroße Dominikanerkirche ganz für sich alleine. Es zeigt eine auf Goldgrund gemalte Madonna mit Jesuskind und begeistert mit seiner offensichtlichen Könnerschaft – Faltenwurf, naturalistische Darstellung der Natur etc. – auch Museumsmuffel. Das flammend rote Kleid symbolisiert die Passion Christi. Der kompakte Eindruck täuscht, ursprünglich war das Bild viel größer, wurde aber zu einem unbekannten Zeitpunkt beschnitten. Auch der Rahmen stammt nicht von Schongauer und verfälscht den ursprünglichen Eindruck. *1, Place des Martyrs de la Résistance | Di und Do 15–18, Fr–So 10–13 und 15–18 Uhr*

MUSÉE D'UNTERLINDEN

Das Unterlinden-Museum ist eines der wichtigsten Frankreichs. Sein größter Schatz ist der ★ *Isenheimer Altar* aus dem 16. Jh. von Matthias Grünewald. Der Renaissancekünstler bekam den Auftrag von Mönchen, die auf die Behandlung von Mutterkornvergiftungen spezialisiert waren. Diese in der damaligen Zeit häufigen Vergiftungen rufen Wahnvorstellungen hervor, wie sie auf den zehn Tafeln des Altars in Bildern und Skulpturen zu sehen sind. Bemerkenswert ist die Wucht der Malerei, die Martyrium und Schmerzen Christi drastisch vor Augen führt. Im Gegensatz dazu leuchtet die Auferstehung in den schönsten Farben. Das Museum hat aber noch mehr zu bieten: Seit der Neugestaltung und Erweiterung durch das Architektenbüro Herzog & de Meuron gehört ein altes Bad aus der Kaiserzeit dazu, das unterirdisch mit dem ehemaligen Kloster verbunden ist. Gleichzeitig wurde der Platz dazwischen aufgehübscht und der vorher unterirdische Fluss aus der Versenkung geholt. Sehr gelungen! Das Unterlinden hat nun Platz genug, um Surrealisten, das römische Mosaik von Bergheim oder eine gigantische Weinpresse angemessen zu zeigen. Für Kinder gibts gratis ein Tablet mit Kopfhörer. Nett ist auch das *Museumscafé. 1, Rue d'Unterlinden | Mi–Mo 9–18 Uhr | musee-unterlinden.com | 1½–2½ Std.*

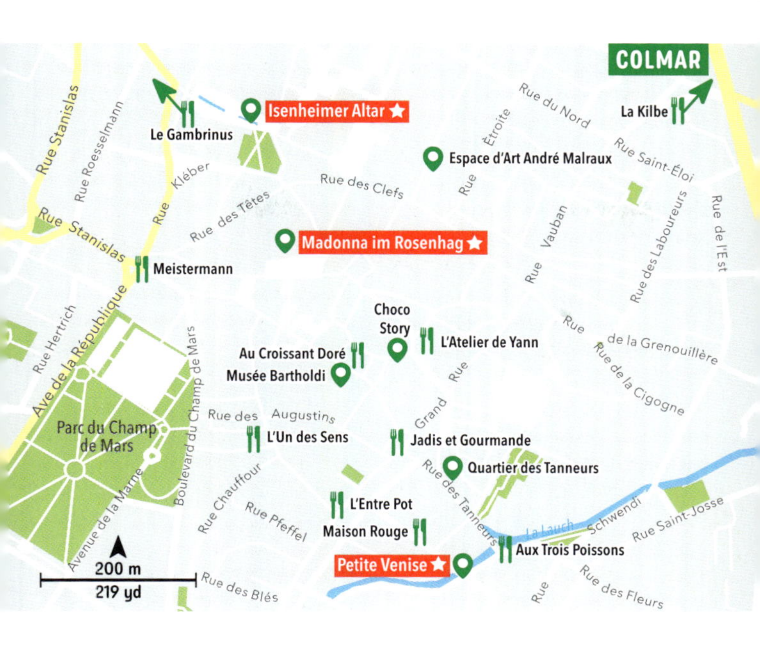

ESPACE D'ART ANDRÉ MALRAUX

Frische Kunst in einer ehemaligen Sauerkrautfabrik, mal als Schock, mal als willkommene Abwechslung fürs Auge: Hier weht mal ein erfrischend anderer Wind durchs Städtchen. Und der Eintritt ist frei! *4, Rue Rapp | Di/Mi und Fr–So 14–18, Do 12–17 Uhr | colmar.fr/espace-malraux | 30 Min.*

HISTORISCHE HÄUSER

Colmars Häuser erzählen Geschichten. Das aus der Renaissance stammende *Koïfhus* (Kaufhaus) in der Grand'Rue berichtet mit seiner Balustrade und den Torbogen vom Reichtum der Stadt. Das klassizistische Gerichtsgebäude *(Tribunal)* in der gleichen Straße zeigt, wie sehr sich die Formensprache verändert hat. Kurios dort ist das Manneken Pis, ein Geschenk der Stadt Brüssel. Viel zu sehen gibt es auch in der Rue des Marchands, etwa die *Maison Pfister* (1507) mit geschnitztem Balkon, zweistöckigem Erker sowie der Darstellung der Habsburger Kaiser auf der Fassade. Das „Köpfehaus" *Maison des Têtes (19, Rue des Têtes)* von 1609 protzt mit über 100 Fassadenskulpturen und die Zunftstube der Ackerleute *Poêle des Laboureurs (7, Rue Vauban)* von 1626 trägt schon Merkmale des Barocks.

ESSEN & TRINKEN

MEISTERMANN

So eine Mischung findest du selten: Während die einen knusprigen Flammkuchen essen, werden am Nachbartisch Austern geschlürft. *2a, Avenue de la République | Tel. 03 89 41 65 64 | Mo-Abend und So geschl. | meistermann.com | €*

L'ATELIER DE YANN

Schick: Hier schaut es aus wie in London oder Paris. Schock:

INSIDER-TIPP
Torten 2.0

Die Schwarzwälder Kirschtorte ist ja ganz anders als gedacht – aber mindestens genauso lecker. Hier musst du eigentlich immer anstehen, egal ob du nur ein Mandelhörnchen auf die Hand oder einen Tisch für Kaffee und Kuchen willst. Aber es lohnt sich! *11, Place de la Cathédrale | Di–Sa 9–18 Uhr | atelier-de-yann.com | €–€€*

AU CROISSANT DORÉ

Gut versteckt hinter einem Torbogen liegt Claudines Art-déco-Café, das von Kaffee und Kuchen bis zum Feierabendbier alles hat. Sehr gemütlich und dank der Wirtin sehr charmant. Wer zum zweiten Mal kommt, darf sich wie ein Stammgast fühlen. *Très sympa! 28, Rue des Marchands | Di–So 8–18 Uhr | €*

L'UN DES SENS

Diese Weinbar ist der ideale Ort für eine weinselige Weltreise mit frisch aufgeschnittenem *prosciutto,* dreierlei Arten Forellen oder Käse aus der Region. Wer sich hier niederlässt, möchte gar nicht mehr fort. Warum auch? *18, Rue Berthe Molly | Tel. 03 89 24 04 37 | So/Mo und mittags geschl. | lun-des-sens.alsace | €*

L'ENTRE POT

Colmars einzigartiges Blumencafé hat von allem was: ein bisschen Kitsch, viele Blumen, guten Kaffee, frisch gepresste Fruchtsäfte und Süßes und

TRANSHUMANCE – ALMAUFTRIEB

Jeden Frühling und jeden Herbst kommt auf die Bergbauern in den Vogesen der Almauftrieb bzw. Almabtrieb zu, die *transhumance.* Heute wird dieser Brauch als Volksfest gefeiert. Freunde, Nachbarn, Jugendgruppen und Touristen laufen den Kühen hinterher, die dem Chefhirten mit der Melkerkappe folgen. Die Rindviecher sind mit Tannenbäumchen und bunten Tüchern geschmückt, die schönsten Prachtexemplare der *vosgienne,* der typischen Vogesenrasse, tragen zudem große Glocken, deren Gebimmel Tote aufwecken könnte. Das Vogesenrind galt vor einiger Zeit fast schon als ausgestorben; mittlerweile wird die Rasse wieder sehr geschätzt, weil sie genügsam ist und ihre Milch der ideale Stoff für Butter, *barikas* (Bergkäse) und Münsterkäse ist. Das Ende der Wanderung wird zum großen Fest, mit Kirchgang, Eintopf und Würstchen, Wein und Bier, Musik und Tanz. Pflicht sind auch die Alphornbläser, die den Soundtrack zur Wanderung spielen. Die schönsten Almauf- und -abtriebe finden im Münstertal statt. Infos und Termine auf *vallee-munster-transhumances.fr.*

Wenn Kühe plötzlich Tannenbäumchen spazieren tragen: Dann ist wohl Almabtrieb

Salziges für den kleinen Hunger. Natürlich alles hausgemacht. *39, Rue Berthe Molly | Tel. 03 68 61 10 83 | Di–Sa 10–13 und 15–19, So 10–13 Uhr | €*

JADIS ET GOURMANDE

Zwar lassen die Teddybären in dem entkernten Fachwerkhaus das Schlimmste befürchten, aber die Küche überrascht positiv mit Ideen, Frische und großen Portionen. *8, Place du Marché aux Fleurs | Tel. 03 89 41 73 76 | So und abends geschl. | €*

MAISON ROUGE

Was für ein Duft – Fleisch vom Grill riecht halt einfach super! Aber auch Pastinakensuppe oder Sauerkraut mit Fisch als Tagesgericht sind nicht weniger lecker. Bei Chefkoch Jean Kuntz speist Colmar wie Gott in Frankreich! *9, Rue des Écoles | Tel. 03 89 23 53 22 | So–Di geschl. | restaurant-maisonrouge.com | €€*

INSIDER-TIPP
Colmars kulinarische Wolke 7

AUX TROIS POISSONS

Die Adresse, wenn du in Colmar Fisch essen willst. Hier gibt es Zander mit Sauerkraut und die Spezialität aus dem nahen Sundgau, frittierten Karpfen – aber auch Fleischgerichte. *15, Quai de la Poissonnerie | Tel. 03 89 41 25 21 | So/Mo geschl. | restaurant-aux-trois-poissons.fr | €€*

LA KILBE

Der Name bedeutet im Elsässischen so viel wie „Dorffest" – und so steht auch das Essen hier für einen französisch-elsässischen Festtag mit Flammkuchen traditionell und in der Veggievariante sowie Burger, Pulled Pork und manchem mehr. Mit Gartenterrasse! *37, Route de Neuf-Brisach | Tel. 03 89 24 00 23 | Sa-Mittag und Mi/Do geschl. | la-kilbe.com | €–€€*

LE GAMBRINUS

Für den besten Flammkuchen weit und breit lohnt sich der 13-km-Abstecher nach Beblenheim, ob im Keller oder im Hof. *4, Rue des Raisins | Beblenheim | Tel. 03 89 49 02 82 | Mo und mittags geschl. | legambrinus.fr | €*

SHOPPEN

Die Liebe zu Colmar geht auch durch den Magen, wie du beim Bummeln feststellen wirst. Eis mit *berewecke* (Trockenfrüchten) hat *La Sorbetière d'Isabelle (13a, Rue des Marchands)*, den besten Käse (Mi 12–14 Uhr auch Verkostungen) gibt es bei der *Fromagerie Saint-Nicolas (18, Rue Saint-Nicolas)*, die auch in der *Markthalle (13, Rue des Écoles | So-Nachmittag und Mo geschl.)* einen Stand hat. Hier gibt es alles – und dazu noch Bistros und Küchen aus aller Welt.

Wer nach einer tollen Vase, Hirschgeweihen oder Napoleon als Gemälde oder Büste sucht, wird vielleicht in der *Rue des Marchands* fündig. Für Jäger und Sammler ist der *Flohmarkt* vor der Kathedrale am Freitagvormittag ein Must. Comics, Poster, Kochbücher und mehr hat die Buchhandlung *Lire et Chiner (36, Rue des Marchands)*. Die heiße Adresse für Bier, Rum, Whisky und Gin made in Elsass ist *L'Atelier des Saveurs (51, Grand'Rue)*.

AUSGEHEN & FEIERN

Das *Jupiler Café (24, Place de la Cathédrale)* mit seinem großen Gin- und Bierangebot ist ein Platz für alle; noch besser – und lauter – ist es in der Bierbar *Les 3 Singes (70, Grand'Rue)*, wo's auch was zu beißen gibt. Auch gut: *Manneken Pils* in der *Rue des Augustins*. Eine Nummer feiner ist die Weinbar *Le Cercle des Arômes (3, Rue Schongauer)* mit mehr als 200 Weinen im offenen Ausschank. Da geht Weinfreunden das Herz auf! Konzerte und Partys finden im *Le Grillen (19, Rue des Jardins)* statt.

INSIDER-TIPP
Genießen in der Weinbar

RUND UM COLMAR

16 TURCKHEIM

7 km westlich von Colmar/15 Min. über die D 11

Drei Türme, drei Stadttore, eine Stadtmauer: In Turckheim (3700 Ew.) lebt das Mittelalter wie eh und je. Beson-

ders authentisch wird es abends mit dem Nachtwächter. Die Tour findet von Mai bis Oktober sowie im Dezember statt und ist gratis – einfach um 21.45 Uhr zur Wache beim Rathaus kommen. Bekannt ist Turckheim auch für die *cocottes Staub (2, Rue de l'Huilerie | zwilling.com),* die bunten gusseisernen Töpfe, die es hier in großer Auswahl und zum Teil auch stark herabgesetzt gibt. Ideal nicht nur für *baeckeoffe!* C10

17 CHÂTEAU DU HOHLANDSBOURG

13 km westlich von Colmar/25 Min. über die D417

Man sieht sie schon von fern, die Burg Hohlandsberg. Zum Glück hat das Elsass ein Herz fürs Mittelalter und so wurde die alte Habsburger Burg wieder fit gemacht für Besucher. Kinder finden hier ein schönes Gelände für eine Zeitreise mit Führungen, Ritterspielen, Mittelaltermärkten und deftigem Rittermahl. Endlich mit den Händen essen! *Stark gestaffelte Zeiten s. Website | chateau-hohlandsbourg.com | 1–2 Std. |* C10

18 VALLÉE DE MUNSTER

20 km bis Munster westlich von Colmar/30 Min. über die D417

Satte Wiesen, Buchenwälder, Bergbauernhöfe: Von Munster breitete sich die Kunst des Käsemachens aus. Erleben kanst du das in *Gunsbach* in der *Maison du Fromage (23, Route de Munster | Gunsbach | Mi–So 9.45–12 und 13.45–17, Mitte Juli–Aug. Di–So 9.15–17, Di bis 18 Uhr | maisondufromage-munster.com | 1½ Std.)* mit Einkaufsmöglichkeit und in *Munster* im pfiffig gemachten Restaurant mit schöner Laube *La Table des Malker (4, Grand'Rue | Tel. 03 89 77 06 17 | Mo-Abend und Di-Abend geschl. | malker.fr | €),* das authentisches Essen serviert.

Mal Lust auf was anderes als Knackwurst und *choucroute?* Dann ab in Colmars Markthalle!

15 km weiter Richtung Metzeral liegt der Bauernhof *Ferme du Pfeifferberg (Eichwaeldele | Tel. 03 89 77 71 58 | pfeifferberg.free.fr)* von Françoise und Richard, die Tagestouren mit ihren Eseln und Maultieren anbieten. Das Abenteuer führt auf den Berg und zu den Bergseen. Wer lieber ohne Packtier wandern will, findet oberhalb von Munster mit der *Ferme Auberge du Kahlenwasen (Tel. 03 89 77 32 49 | Mi geschl.)* eine tolle Anlaufstelle fürs Essen und eine Rundwanderung, z. B. auf den Petit Ballon. Weitere *fermes* sind ganz in der Nähe. *B–C 10–11*

19 ROUTE DES CRÊTES

45 km bis zum Hohneck westlich von Colmar/1 Std. über die D417

Auto-, Motorrad- und Rennradfahrer, Drachenflieger, Wanderer: Alle lieben die gut 75 km lange ehemalige Militärstraße an der historischen deutsch-französischen Grenze. Sie verbindet auf einer Höhe zwischen 950 und 1250 m alle wichtigen Vogesengipfel. Wenn du hier anhältst bist du beim Picknick dem Himmel etwas näher – und dem berühmten Melkeressen in einer *ferme auberge* auch. Überall bieten sich gute Wandermöglichkeiten zu Almen und Seen. Ab Mitte November ist die Straße bis zur Schneeschmelze im Frühjahr gesperrt.

Der *Hohneck* (1363 m) ist einer der schönsten (und windigsten!) Berge. Wer von hier nachts in Rheintal blickt, hat ein Lichtermeer vor sich. Schau aber auch mal in die andere Richtung: Von hier hast du den Superblick ins All. So klar und deutlich siehst du den Großen Wagen und die Milchstraße nur selten.

INSIDER-TIPP
Oh, die Milchstraße!

Die ambitionierteste Wanderung, der 6 bzw. 12 km lange *Sentier des Roches* (Felsenweg), startet am Col de la Schlucht. Für dieses wunderbare Abenteuer brauchst du Wanderkarte, Fitness und gute Schuhe. *B10*

20 KAYSERSBERG

13 km nordwestlich von Colmar/ 25 Min. über die D415

In dem viel besuchten Städtchen (2700 Ew.) reihen sich die Geschenkläden, Cafés und Weinstuben aneinander. Historisch bedeutsam sind das *Renaissancerathaus,* die *Brücke* mit einzigartiger Brustwehr und Schießscharten, die jeden Sommer beleuchtete *Stauferburg* sowie die mit Schnitzereien verzierte *Maison Bohn (Impasse du Père Staub)* von 1601. Zudem gibt es eine kleine *Glasbläserei (30, Rue du Général de Gaulle)* mit offener Werkstatt zum Zuschauen und das *Musée Albert Schweitzer (126, Rue du Général de Gaulle | Wiedereröffnung nach Redaktionsschluss)* mit Fokus auf die afrikanischen Jahre des gebürtigen Kaysersbergers.

In der Unterstadt kocht Olivier Nasti im Sternerestaurant *Le Chambard (9–13, Rue du Général de Gaulle | Tel. 03 89 47 10 17 | lechambard.fr | €€€)* groß auf; günstiger ists in der *Winstub (€–€€).* Gegenüber liegt das Bistro *Flamme & Co. (Tel. 03 89 47 16 16 | Do geschl. | flammeandco.fr | €),* wo der Flammkuchen auf Schiefertafel neu erfunden wird. Uriger und gemütlicher ist das ein paar Kilometer oberhalb im Wald gelegene *Saint-Alexis*

Eine Pracht nicht nur in Kaysersberg sind die kunstvoll-verspielten Gasthausschilder

(Tel. 03 89 73 90 38 | Fr und außer Sa/So abends geschl. | saintalexis.fr | €), das du über einen Wanderweg oder über die Fahrstraße erreichen kannst. *C10*

21 LAC BLANC

30 km westlich von Colmar/45 Min. über die D 415 und D 48.2

Still liegt der „Weiße See" mitten im Wanderparadies der Vogesen – aber nicht lange: Die Rodelbahn *Tricky Track (stark gestaffelte Zeiten s. Website | tricky-track.com)* setzt genauso Adrenalin frei wie der Hochseilgarten *Lac Blanc Parc d'Aventures (stark gestaffelte Zeiten s. Website | lacblanc parcdaventures.com)*. Ganz anders dagegen der 1,2 km lange Barfußpfad *Sentier Pieds Nus du Lac Blanc (Mai/Juni und Sept. Mi, Sa, So 13–16.30, Juli/Aug. tgl. 10–17 Uhr | sentier-pieds-nus-lac-blanc.com)*, auf dem du über Sand, Kies, Steine, Holz und Rinde spazierst. *B10*

22 RIQUEWIHR

15 km nördlich von Colmar/20 Min. über die D 415, D 10 und D 1B

Riquewihr (1200 Ew.) kennt jeder in Frankreich, es ist *das* Sinnbild fürs pittoreske Elsass. Da jedes zweite Haus unter Denkmalschutz steht, kannst du dir das *Musée Hansi (16, Rue du Général de Gaulle | Mo–Fr 10–12.30 und 13.30–18, Sa/So 10–18 Uhr | hansi.fr)* im Grunde sparen: Du bist schon mittendrin in der Postkarte. Das Dorf ist rappelvoll mit kleinen Geschäften, die Käse, Nougat, Wein, Schnaps verkaufen. Einfach probieren! Wer sich für trockene Weine interessiert, findet sie

Riquewihr, die „Perle der Weinstraße“: Renaissancestädtchen inmitten von Weinbergen

bei Vincent Sipp im Weingut *Domaine Agapé (10, Rue des Tuileries | alsace-agape.fr);* in Sachen Sekt ist *Dopff au Moulin (2, Avenue Jacques Preiss | dopff-au-moulin.fr)* eine Macht – kostenlose Sekt- und Weinproben auf Anfrage!

INSIDER-TIPP
Mit dem E-Moped in die Weinberge

Von Riquewihr kannst du mit dem E-Scooter auf die Weinstraße pesen – ohne Führerschein *(riquecotour.wixsite.com/riquecotour).* Und im Juli und August nehmen Winzer Urlauber mit auf einen Spaziergang in die Reben. Selbstverständlich mit (kostenloser) Weinprobe. Auskunft hierzu gibt das *Office de Tourisme (Tel. 03 89 73 23 23 | ribeauville-riquewihr.com).*

Natürlich gibts auch Restaurants und Weinstuben en masse. Im *L'Écurie (16, Rue du Général de Gaulle | Tel. 03 89 47 92 48 | Mo/Di geschl. | €)* bekommst du die hiesige Spezialität grünes Sauerkraut *(choucroute verte).* Ein bisschen edler kommt die Weinstube *Grappe d'Or (1, Rue des Écuries | Tel. 03 89 47 89 52 | Do-Mittag, Fr-Mittag und Mi geschl. | restaurant-grappedor.com | €€)* daher. C9

INSIDER-TIPP
Endlich! Krau mit Kräuterr

23 NATUROPARC HUNAWIHR

17 km nördlich von Colmar/25 Min. über die D 415, D 10 und D 1B

Störche klappern überall im Elsass, aber in Hunawihr klappern sie besonders laut. Das ehemalige Centre de Réintroduction hat sich verdient gemacht um die Aufzucht von Störchen, ist inzwischen aber schon eine Art

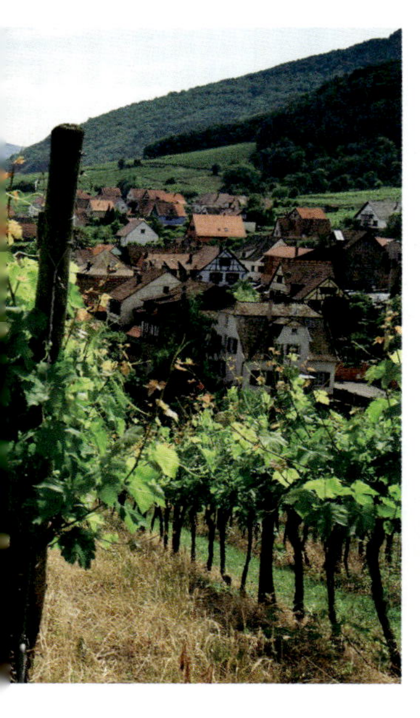

Kleinzoo geworden: So wurde der im Elsass arg bedrohte Feldhamster hier wieder aufgepäppelt. Außerdem zu entdecken: Kormorane, Schildkröten, Otter ... Jeden Nachmittag Fütterung sowie weitere Animationen und Angebote. *Route des Vins | stark gestaffelte Zeiten s. Website | centredereintroduction.fr |* ⏲ *1–2 Std.* 🕮 *C9*

24 RIBEAUVILLÉ

20 km nördlich von Colmar/25 Min. über die N 83 und D 106

Das Städtchen (4800 Ew.), auf Deutsch Rappoltsweiler, gilt als Gesamtkunstwerk in Sachen Fachwerk und hat mit dem Mittelalterfest *Pfifferdaj* im September ein Event, das alle Grenzen sprengt. Bei *Beauvillé (21, Route de Sainte-Marie-aux-Mines)* mit Fabrikverkauf bekommst du außergewöhnliche Tischwäsche. Im Zentrum befindet sich in der Nähe der urigen Weinstube *Zum Pfifferhüs (14, Grand'Rue | Tel. 03 89 73 62 28 | Mi/Do geschl. | €)* die *Distillerie Metté (9, Rue des Tanneurs | distillerie-mette.info),* die Pflaumen und Kirschen, aber auch Tannenspitzen, Knoblauch und sogar Spargel verschnapst.

Topwellness bietet dir das *Spa im Resort Barrière (D 106 | tgl. 10–22, Fr/Sa bis 23 Uhr | Tel. 03 89 73 43 45 | hotelsbarriere.com)* mit Bar, Terrasse und Park.

INSIDER-TIPP
Wellness mit Bergblick

Während du dich vom Wasserstrom treiben lässt, schaust du auf die blaue Linie der Vogesen. Im Untergeschoss gibts Sauna und Hamam, in der Dusche wächst ein kleiner Eisberg. Bestes Preis-Leistungs-Verhältnis in Sachen Spa weit und breit! 🕮 *C9*

25 MAUSA VAUBAN IN NEUF-BRISACH

17 km südöstlich von Colmar/25 Min. über die D 415

Frankreichs großer Festungsbaumeister Sébastien Vauban hat im 18. Jh. in Neu-Breisach ganze Arbeit geleistet, aber wer braucht das heute noch? Zwei Aktivisten der Street-Art-Szene haben hier das *Musée d'Art Urbain et de Street Art* installiert,

INSIDER-TIPP
Das Abenteuer Street-Art

Gänge, Räume und Hallen wurden von Künstlern aus der ganzen Welt bemalt und besprayt. Klarer Plan: Das Museum soll wachsen. Platz gibts genug! *Place de la Porte de Belfort | Di–So 14–19 Uhr | mausa.fr |* ⏲ *1–2 Std.* 🕮 *E11*

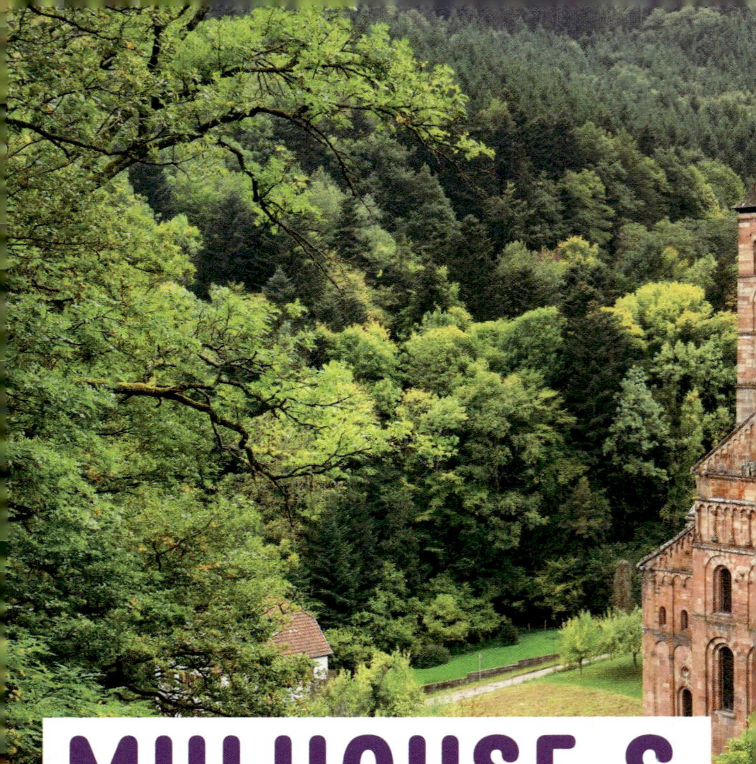

MULHOUSE & DER SÜDEN

LEBENDIGE GROSSSTADT IM DREILÄNDERECK

Wer sich mehr in Frankreich wähnt als im lauschigen Elsass, liegt im Fall von Mulhouse richtig. Mìlhüsa ist zwar die Stadt, die als letzte im Elsass französisch wurde, dafür ist sie heute umso französischer. Das Wirtschaftszentrum zog vor allem Menschen aus dem armen Sundgau an. Aus Winzern wurden Fabrikarbeiter. Von der alten Kraft des „Manchester Frankreichs" sind riesige Areale geblieben, die sich in Konzerthallen, Kunsttempel, Ateliers und Gastronomie verwandelt haben.

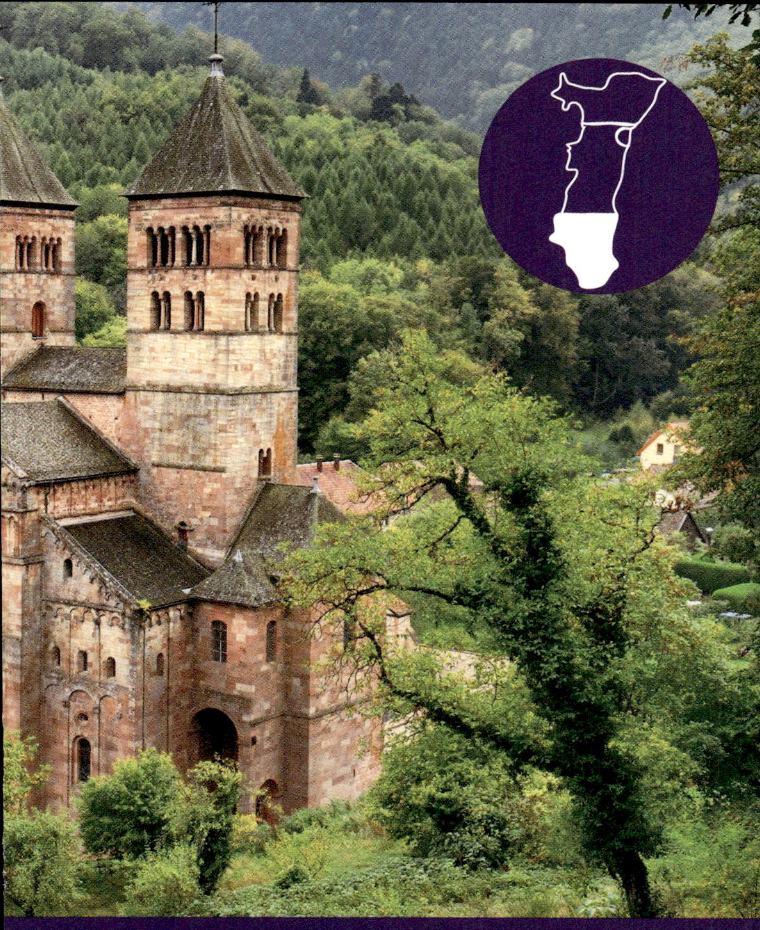

Romanische Symmetrie in idyllischer Lage: Klosterkirche Murbach

Das Südelsass hat aber noch einiges mehr zu bieten: den südlichen Zipfel der Weinstraße, die Hochvogesen als Idylle und – mit dem Hartmannswillerkopf – Mahnmal gegen den Krieg und den ländlichen Sundgau, wo es so gut wie keine Industrie gibt, sondern nur weite Felder und Burgen. Hier redet noch manch einer rau und kehlig wie die Schweizer. Die Liebe zur Natur und zum guten Essen prägt diesen Landstrich. Hier schmaust man fürs Leben gern frittierten Karpfen – und alles andere auch.

MULHOUSE & DER SÜDEN

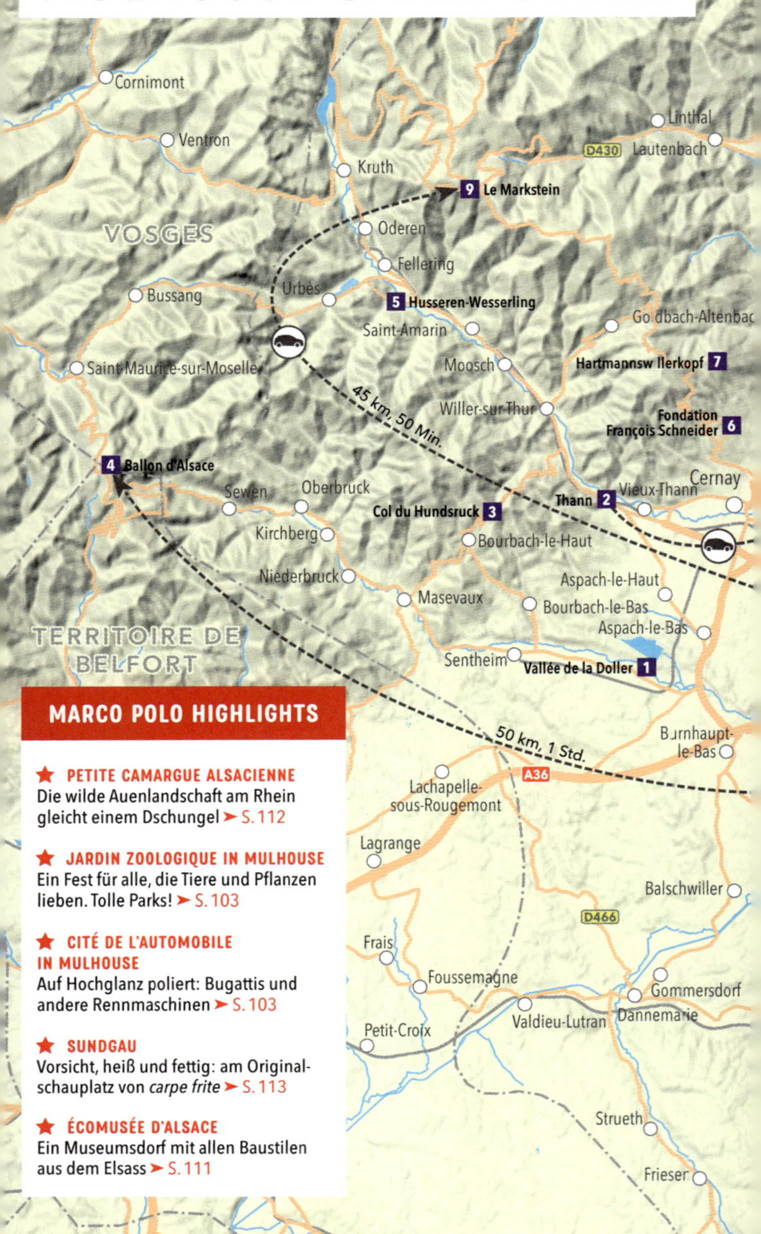

MARCO POLO HIGHLIGHTS

★ **PETITE CAMARGUE ALSACIENNE**
Die wilde Auenlandschaft am Rhein gleicht einem Dschungel ➤ S. 112

★ **JARDIN ZOOLOGIQUE IN MULHOUSE**
Ein Fest für alle, die Tiere und Pflanzen lieben. Tolle Parks! ➤ S. 103

★ **CITÉ DE L'AUTOMOBILE IN MULHOUSE**
Auf Hochglanz poliert: Bugattis und andere Rennmaschinen ➤ S. 103

★ **SUNDGAU**
Vorsicht, heiß und fettig: am Originalschauplatz von *carpe frite* ➤ S. 113

★ **ÉCOMUSÉE D'ALSACE**
Ein Museumsdorf mit allen Baustilen aus dem Elsass ➤ S. 111

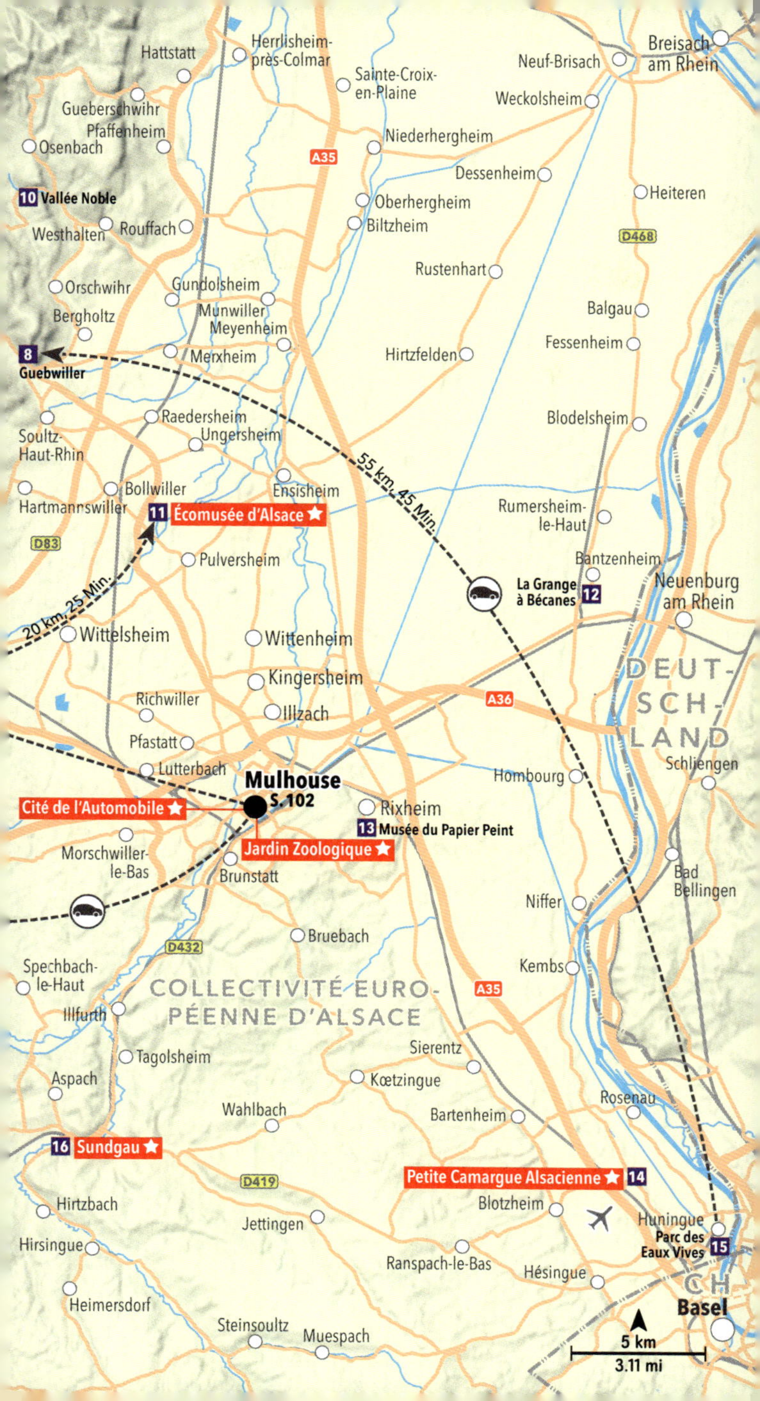

Hattstatt
Herrlisheim-près-Colmar
Sainte-Croix-en-Plaine
Neuf-Brisach
Breisach am Rhein
Gueberschwihr
Pfaffenheim
Osenbach
Weckolsheim
Niederhergheim
A35
Dessenheim
10 Vallée Noble
Oberhergheim
Heiteren
Westhalten
Rouffach
Biltzheim
D468
Rustenhart
Orschwihr
Gundolsheim
Munwiller
Balgau
Bergholtz
Meyenheim
Fessenheim
8
Guebwiller
Merxheim
Hirtzfelden
Raedersheim
Blodelsheim
Soultz-Haut-Rhin
Ungersheim
55 km, 45 Min.
Bollwiller
Ensisheim
Hartmannswiller
11 Écomusée d'Alsace
Rumersheim-le-Haut
D83
Pulversheim
Bantzenheim
La Grange à Bécanes 12
Neuenburg am Rhein
20 km, 25 Min.
Wittelsheim
Wittenheim
DEUTSCHLAND
Kingersheim
Richwiller
A36
Illzach
Pfastatt
Schliengen
Lutterbach
Hombourg
Mulhouse
S. 102
Cité de l'Automobile
Rixheim
13 Musée du Papier Peint
Jardin Zoologique
Morschwiller-le-Bas
Brunstatt
Bad Bellingen
Niffer
Bruebach
D432
Kembs
Spechbach-le-Haut
COLLECTIVITÉ EUROPÉENNE D'ALSACE
A35
Illfurth
Tagolsheim
Sierentz
Aspach
Kœtzingue
Rosenau
Wahlbach
Bartenheim
16 Sundgau
D419
Petite Camargue Alsacienne 14
Hirtzbach
Blotzheim
Jettingen
Huningue
Parc des Eaux Vives 15
Hirsingue
Ranspach-le-Bas
Hésingue
CH
Heimersdorf
Basel
Steinsoultz
Muespach
5 km
3.11 mi

Die Schweiz ist gleich ums Eck: Wappen der Schweizer Kantone an Mülhausens Rathaus

MULHOUSE

(□ C–D13) **Wer sich mehr in Frankreich wähnt als im lauschigen Elsass, liegt im Fall von Mulhouse (110 000 Ew.) richtig. Milhüsa ist zwar die Stadt, die als letzte im Elsass französisch wurde (1798), dafür ist sie so umso französischer.**

WOHIN ZUERST?

Bester Ausgangspunkt ist die **Place de l'Europe** an der Porte Jeune mit einem Parkhaus sowie mehreren Tramhaltestellen. Über die Rue Sauvage (Fußgängerzone) und die Rue Mercière bist du im Nu auf der Place de la Réunion. Vom Bahnhof führt die Avenue Général Leclerc auf die Avenue Maréchal Foch, die wiederum in die Rue Sauvage mündet.

Das Wirtschaftszentrum zog im 19. Jh. die Menschen aus dem armen Sundgau an. Aus Winzern wurden Fabrikarbeiter in den Tuch- und Papiermanufakturen. Aus jener Zeit sind riesige Areale geblieben, die sich in Konzerthallen, Kunsttempel, Werkstätten und Lokale verwandeln. Als Einziger der großen Arbeitgeber hält Peugeot mit über 6000 Mitarbeitern die Stellung. Die Stadt nennt sich gern *capitale européenne des musées techniques,* Hauptstadt der technischen Museen, was nur leicht übertrieben ist.

SIGHTSEEING

HÔTEL DE VILLE

Das historische Rathaus im Herzen der Stadt an der *Place de la Réunion* ist im Trompe-l'Œil-Stil bemalt und mit den Wappen Schweizer Kantone verziert. Gegenüber am Eckhaus zur Rue Guillaume Tell steht sogar eine *Wilhelm-Tell-Statue,* ein weiterer Beleg für Mülhausens historischen Bezug zu den Eidgenossen. Am anderen Ende des Platzes befinden sich die *Apotheke Au Lys* (achte auf die schöne Deckenbemalung und die uralten Balken!) und das mit Szenen aus der Schweizer Geschichte bemalte *Mieghaus.*

TEMPLE SAINT-ÉTIENNE

Vom Architekten Jean-Baptiste Schacre (1808–1876), der auch die katholische Église Saint-Étienne 500 m südwestlich an der Rue de Sinne und die Synagoge baute, stammt diese 1858–1868 erbaute neogotische Kirche, deren Kirchturm mit 97 m der höchste des Departements ist. Die Bleiglasfenster stammen noch aus dem 14. Jh. Als einzige protestantische Kirche Frankreichs steht sie an einem Hauptplatz.

MUSÉE D'IMPRESSION SUR ÉTOFFES

Das Stoffdruckmuseum erinnert an Mülhausens Zeit als „Manchester" Frankreichs. Der Fundus ist groß genug für zwei Ausstellungen pro Jahr. *14, Rue Jean-Jacques Henner | Di–So 13–18 Uhr | musee-impression.com*

JARDIN ZOOLOGIQUE ★

1200 Tiere, 190 Arten – dieser Zoo ist so groß, weil im 19. Jh. Mülhausens Industrielle von ihren Reisen Tiere als „Souvenir" mitbrachten. Neben Exoten wie Löwen und sibirischen Tigern gibt es auch einen Streichelzoo und Parks fürs Picknick. Auch Pflanzenmarkt, Brunch und geführte Spaziergänge gehören zum Angebot. *111, Avenue de la 1ère Division Blindée | Mai–Aug. tgl. 9–19, April und Sept. 9–18, März und Okt./Nov. 9–17, Dez.–Feb. 10–16 Uhr | zoo-mulhouse.com | 2–4 Std.*

MUSÉE ELECTROPOLIS

Ohne das geht nichts: Das Museum zeigt und erklärt das Phänomen Elektrizität vielfältig, mit Experimenten, Vorführungen und zig Ausstellungsstücken von der kleinen Batterie bis zum 170 t schweren Stromaggregat „Sulzer-BBC" aus dem Jahr 1901. Einigen geht hier ein Licht auf, anderen stehen die Haare zu Berge. *55, Rue du Pâturage | Feb.–Dez. Di–So 10–18 Uhr | musee-electropolis.fr | 2–3 Std.*

INSIDER-TIPP
Garantierte Wow-Effekte!

CITÉ DU TRAIN

Großer Bahnhof für historische Stahlrösser! Fast 30 Lokomotiven und Züge sind hier zu bestaunen, die ältesten stammen aus der Frühzeit der Eisenbahn. Mittels Puppen hat man Szenen wie z. B. Agatha Christies „Mord im Orientexpress" nachgestellt – natürlich im historischen Originalzug. Für Fans: Es gibt auch Spielzeugeisenbahnen und durchs Museum fährt ein kleiner elektrischer Zug zum Mitfahren. *2, Rue Alfred de Glehn | tgl. 10–17, April–Okt. bis 18 Uhr | citedutrain.com | 1–2 Std.*

INSIDER-TIPP
Für das Kind im Mann

CITÉ DE L'AUTOMOBILE ★

Bugatti! Ferrari! Rolls-Royce! Weil sich die Mülhauser Textilunternehmer Fritz und Hans Schlumpf verzockten, kam 1976 der ganze Wahnsinn ihrer Auto-

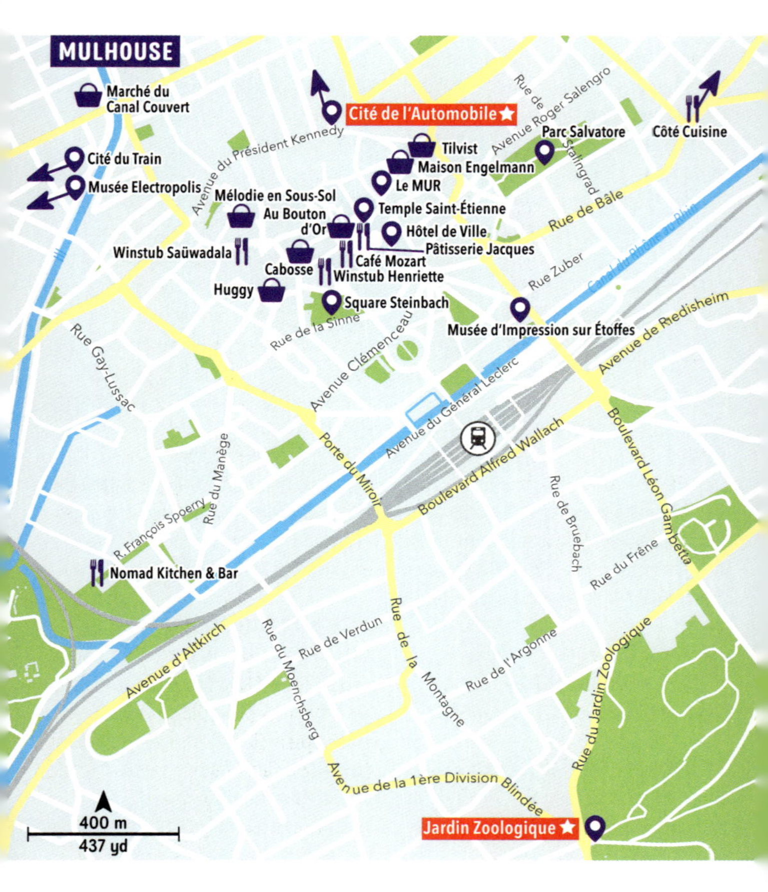

sammelleidenschaft ans Tageslicht. Statt sich ums Geschäft zu kümmern, wurde der ganze Zaster in Oldtimer angelegt. Als die Firma pleiteging, kam alles raus. Zum Glück wurden die Boliden nicht verscherbelt, sondern stilvoll ausgestellt, darunter auch Karossen aus dem 19. Jh. Auch eine Rennstrecke für Vorführungen gehört dazu. Wer den Fahrtwind spüren will, kann im Bentley, Lamborghini oder Porsche Runden auf der Rennstrecke drehen oder einen dieser Wagen für eine Spritztour ausleihen. *15, Rue de la Mertzau | tgl. 10–17, April–Okt. bis 18 Uhr | musee-automobile.fr* | ⏲ *1–2 Std.*

STREET-ART & LE MUR

Wandmalereien haben seit der Renaissance Tradition in Mulhouse. Neueren Datums, nämlich von 2001, sind die Malereien in der *Rue des Franciscains,* an der *Place Lucien Dreyfus* und der *Place de la Réunion,* die u. a. Schäfer auf Stelzen und den *Schweissdissi* zeigen. Diese Bronzeskulptur von 1905 steht im Parc du Tivoli und ist eine Hommage der Stadt an ihre Leistungsträger, die Industriearbeiter. „Die Wand" *(Le MUR | 9, Rue de la Moselle)* ist der Hotspot der jungen Street-Art-Szene: Jeden letzten Samstag eines Monats gestaltet ein Künstler Mulhouse' größte „Leinwand", natürlich mit Vernissage und Apéro.

INSIDER-TIPP
Jour fixe für die Street-Artisten

PARKS

Ein Fünftel Mülhausens ist grün. Neben dem Zoo gibt es noch den *Square Steinbach* in der Stadtmitte und den fast 2 ha großen *Parc Salvatore*, der im Hochsommer jeden Donnerstag bei *Les Jeudis du Parc* zur Partymeile wird: Dann spielen Bands und werden Filme gezeigt, alles gratis. Sitzdecke oder Campingstuhl mitbringen!

ESSEN & TRINKEN

PÂTISSERIE JACQUES & CAFÉ MOZART

Kaffee, Kuchen und feinste Törtchen. Hier will man gar nicht mehr fort, nicht zuletzt weil auch der Fensterblick aufs Zentrum so viel Spaß macht. *Pâtisserie Jacques: 1, Place de la Réunion | Di–Sa 8.30–19 Uhr | patisserie-jacques.fr; Café Mozart: 25, Place de la Réunion | Mo 11.30–18.30, Di–Sa 8.30–18.30 Uhr*

WINSTUB SAÜWADALA

Saüwadala heißt Saufüßchen – hier regiert das klassische Elsass und gegessen wird so ziemlich alles: *Sürlawerla* (saure Leber), *rognons de veau* (Kalbsnieren), *tripes au pinot noir* (Kutteln in Rotweinsauce) ... Da gehen Herz und Magen auf und eine Respektbezeugung vor dem Tier ists auch. Genauso urig ist die Einrichtung. *13, Rue de l'Arsenal | Tel. 03 89 45 18 19 | So-Abend, Di-Mittag und Mo geschl. | zum-sauwadala.fr | €*

INSIDER-TIPP
Nicht immer nur Schnitzel und Steak

WINSTUB HENRIETTE

Alles, was das Elsass zum Elsass macht, findet sich in dieser urigen Weinstube. Die Spezialitäten des Hauses sind *fleischschnacka* und Cordon bleu. *9, Rue Henriette | Tel. 03 89 46 27 83 | So/Mo geschl. | winstub-henriette.com | €*

NOMAD KITCHEN & BAR

In der ehemaligen Fabrikhalle klirren die Gläser, lachen die Leute, spielt die Musik. Bowls, Pasta, Burger, Street- und Finger-Food. Voll ist es so gut wie immer – wegen des Essens und wegen Sehen und Gesehenwerden. Sonntags ab 10 Uhr heißt es *brunch à volonté*, sprich: *all you can eat. 28b, Rue Francois Spoerry | Tel. 03 89 43 63 40 | So-Abend, Sa-Mittag und Mo geschl. | nomadcafe.fr | €–€€*

INSIDER-TIPP
C'est chic! Mülhausens place to be

CÔTÉ CUISINE

Das 25 Autominuten entfernte *Hirtzfelden* ist *die* Topadresse für ein formidables Mittagessen. Der ehemalige Koch des französischen Botschafters in Wien kocht *vit'Time*, ein Wortspiel aus

„schnelle Zeit" und „wie daheim". Das schmeckt! *1, Rue du Schmollgasse | Tel. 03 89 74 81 96 | Mo/Di geschl. | cote-cuisine-restaurant.com | €€*

SHOPPEN

AU BOUTON D'OR

Große Käse, kleine Produzenten. Ob ein Maroilles aus dem Land der Shtis oder ein Munster aus dem Elsass, immer kommt der Käse von kleinen, lokalen Herstellern. *5, Place de la Réunion*

MAISON ENGELMANN

Eine knusprige Pizza oder ein Sandwich mit italienischem Schinken und danach ein Mandelhörnchen aus der Pâtisserie mit italienischem Kaffee. Wer dann noch einen Biomarkt oder eine Flasche Wein sucht, wird ebenfalls in dieser Passage fündig. Wer Französisch kann, hat an der Bücherei seine Freude. *15, Rue de la Moselle/ Rue du Moulin*

TILVIST

Boutique oder Café? Schwer zu sagen, wer hier Kaffee trinkt, kauft vielleicht noch Straßburger Schokolade, wer Kaffee von einer Rösterei aus Guebwiller kauft, bekommt vielleicht Durst auf ein Bier ... Kleine Gerichte wie Quiches machen es auch schwer, hier wieder rauszukommen ... *23, Rue de la Moselle | Mo geschl. | tilvist-cofftea shop.fr*

CABOSSE

Willkommen im Königreich von Schokolade und Zucker: In dieser Luxus-Chocolaterie ist zwar alles ein bisschen teurer, aber einmal probiert, hängt man am süßen Haken. Pralinen, Macarons und Schokoladen sind die perfekten Mitbringsel! Auch Eis gibts. *5, Rue du Raisin | patisserie-cabosse.fr*

HUGGY

Eine historische Weltkarte, Biergläser der Brasserie Perle, ein Teddy oder eine Puppe, eine Schallplatte von Johnny Hallyday und – hurra! – endlich der richtige Topf für *baeckeoffe!* In diesem etwas engen Secondhandladen gilt Picassos Motto „Ich suche nicht – ich finde!" *38, Rue des Trois Rois*

INSIDER-TIPP
„Gibts nicht" gibts nicht

MÉLODIE EN SOUS-SOL

Nick Hornby würde es hier gefallen bei Eric und Bruno alias DJ le Colonel. Die beiden sind die Macher des kleinen Schallplattenladens mit Oldies und Raritäten und Insider, was aktuelle Musik aus Mulhouse angeht. Auf Wunsch spielen sie dir die alten und neuen Platten auch ab. *16, Rue des Franciscains | Mi–Fr 13–18.30, Sa 11–18.30 Uhr | Facebook*

MARCHÉ DU CANAL COUVERT

Bauernmarkt trifft Basar – kein Wunder in dieser an Immigranten so reichen Stadt. Ostfrankreichs größter und buntester Markt hat so gut wie alles: Schweizer Käse, Minze aus dem Libanon, Elsässer Charcuterie, Munster und Joghurt aus den Vogesen, Stockfischbällchen von den Antillen ... Wer hier Appetit bekommt, hockt sich auf einen Snack in die Bar *La Buvette*

Multikultimarkt: Munster aus den Vogesen und Minze aus Marokko in Mülhausens Markthalle

oder geht ins *Restaurant Aux Halles (€)* in der Markthalle. *Canal Couvert | Di, Do und Sa 7–17 Uhr*

SPORT & SPASS

GREETERS

Die Greeters sind kontaktfreudige Menschen aus Mulhouse, die Besuchern gratis ihre Stadt zeigen. Themen wie Einkaufen, Museen und Nachtleben stehen im Angebot. Rechtzeitig anfragen! *greeters-mulhouse.com*

RADFAHREN

Mulhouse fährt Rad – 40 Leihstationen sind in der Stadt verteilt. Die ersten 30 Minuten sind gratis! *compte-mobilite.fr*

WELLNESS

BAINS ROMAINS

Wenn du dich mal besonders stilvoll entspannen möchtest, ist dieses Jugendstilbad aus den 1920er-Jahren mit seinen verschieden temperierten Becken, Sauna und Dampfbädern die richtige Wahl. *Piscine Pierre et Marie Curie | 7, Rue Pierre et Marie Curie | stark gestaffelte Zeiten s. Website | short.travel/els8*

AUSGEHEN & FEIERN

Die Weinbar *L'Hardivin (25, Rue des Tanneurs)* ist ein tolles Retrolokal mit lauschigem Hinterhof und Konzerten. In der Weinbar *La Quille (10, Rue de la Moselle)* kannst du dich durch ein paar Hundert Tropfen probieren. Im *Gambrinus (5, Rue des Franciscains | legambrinus.com)* brummt es drinnen und auf der Straße. 26 Sorten frisches Bier, Flammkuchen, Konzerte, DJ – hier geht was! Auch *Le Greffier (16, Rue de la Loi | legreffier.com)* und nebenan *Les 3 Singes (18, Rue de la Loi)* sind tolle Bierkneipen. Alle drei

#Superstoff: der Hashtag zu deinem Besuch im Musée Textile

zusammen ergeben das Bermudadreieck von Mullhouse. Das *Noumatrouff (57, Rue de la Mertzau | noumatrouff.com)* holt Pop, Rock etc. in die Stadt und *La Filature (20, Allée Nathan Katz | lafilature.org)* Kammermusik, Ballett, Oper und Theater. *mulhousebynight.com*

RUND UM MULHOUSE

1 VALLÉE DE LA DOLLER

15 km bis Cernay östlich von Mulhouse/20 Min. über die N 66

Kaum einer kennt das Dollertal, aber wer mal dort war, ist begeistert vom satten Grün. Fast wie in Bayern schaut's aus. Mit der historischen Dampfeisenbahn *Train Thur Doller (train-doller.org)* lässt sich die Landschaft prima entdecken: In ca. einer Stunde zuckelt sie von Cernay nach Sentheim im Dollertal. Prädikat: Zeitreise. *B13*

2 THANN

20 km nordwestlich von Mulhouse/25 Min. über die N 66

In Thann (8000 Ew.) gibt es keine Winzer mehr, dafür aber den berühmtesten Riesling, den Rangen, der von auswärtigen Winzern gemacht wird. Die passenden Delikatessen dazu bekommst du in der Biokäsehandlung *Fromandises (11, Rue Saint-Thiébaut)*. Spezialitäten wie Quiches, *fleischschnacka* und herzhafte Tagesgerichte sowie sehr gute Biofruchtsäfte serviert Roseline Schnaegelen in ihrem mit viel Holz und Liebe zum Detail eingerichteten Bistro *Au Petit Rangen (8, Rue de la 1ère Armée | Tel. 03 89 37 00 00 | Di–Sa 8.45–18.45, So 14–18.45 Uhr | €)*. Thann besitzt mit der *Collégiale Saint-Thiébaut* eine außergewöhnlich schöne gotische Kathedrale, deren Turm einer spitzen Nadel gleicht. Nicht zu übersehen ist auch das *Œil de la Sorcière* („Hexenauge") genannte Loch eines umgestürzten Bergfrieds auf der *Ruine Engelsburg*. Praktisch: Thann ist mit Mulhouse per S-Bahn verbunden. *B12*

3 COL DU HUNDSRUCK

30 km nordwestlich von Mulhouse/50 Min. über die N 66 und die Route Joffre

15 kurvige Kilometer mit Wow-Effekten: Die im Winter meist gesperrte

Route Joffre führt von Thann im Thurtal nach Masevaux im Dollertal. Der 748 m hohe Pass Col du Hundsruck ist ideal für ein Picknick oder eine kleine Wanderung (hin und zurück zwei Stunden) zur *Ferme Auberge Thanner Hubel (Tel. 03 89 38 11 93 | Mai–Okt. Mo, Nov.–April Mo–Sa geschl. | thannerhubel.fr | €)* mit guter, rustikaler Bergbauernkost und hausgemachter Limo. *B12–13*

4 BALLON D'ALSACE (ELSÄSSER BELCHEN)

50 km westlich von Mulhouse/1 Std. über die A 36, D 83 und D 466

Am äußersten südwestlichen Rand des Elsass erhebt sich 1247 m hoch dieser zugige Berg. Hier kannst du wandern oder einen unvergleichlichen Sonnenuntergang erleben.

INSIDER-TIPP Großes Naturkino

Wenn in Richtung Westen Wolken am Himmel stehen, werden sie von der untergehenden Sonne von hinten angestrahlt und leuchten wie Diamanten! Kernige halten unterwegs für ein Bad im kalten, klaren Wasser des Stausees *Lac d'Alfeld* (Baden auf eigene Gefahr!). *A12*

5 HUSSEREN-WESSERLING

33 km nordwestlich von Mulhouse/ 40 Min. über die N 66

Wo früher die Fabrikschlote der Textilindustrie rauchten, wiegen sich heute Blumen im Wind: Gleich fünf Gärten hat man im Freilichtmuseum *Parc de Wesserling (Rue du Parc | stark gestaffelte Zeiten s. Website | parc-wesserling.fr | 2 Std.)* angelegt. Jedes Jahr gibt es einen neuen Themengarten, den es mit oder ohne die dazugehörigen Events zu entdecken gilt. Das *Musée Textile* erinnert an alte Zeiten. Wenige Hundert Meter weiter erwartet Wasserratten das *Centre Aquatique de Wesserling (1, Grand'Rue | stark gestaffelte Zeiten s. Website, Juli/ Aug. tgl. 10–19 Uhr | cc-stamarin.fr)*. Dank Olympiabecken kommen hier auch ambitionierte Schwimmer auf ihre Kosten genauso wie Familien mit kleinen Kindern dank großer Liegewiese, Spielplätzen und Café – und die grandiose Bergkulisse bewundern sie alle. *B12*

6 FONDATION FRANÇOIS SCHNEIDER IN WATTWILLER

20 km nordwestlich von Mulhouse/ 25 Min. über die N 66, D 83 und D 5

Wasser aus Wattwiller gibt es in ganz Frankreich. Das fast schon obligatorische *Wassermuseum (27, Rue de la Première Armée | Mi–So 11–17, April–Sept. bis 18 Uhr | fondationfrancoisschneider.org | 1 Std.)* widmet sich dem Element mit Ausstellungen und hat außerdem ein Bistro und einen wunderschönen Park mit Blick aufs Dorf. Jeden Dienstag, Donnerstag und Freitag von 6 bis 12 Uhr dürfen Auswärtige sich gratis an der *Mineralquelle (2, Rue de Guebwiller)* bis zu sechs Flaschen pro Person abfüllen. *C12*

7 HARTMANNSWILLERKOPF

27 km nordwestlich von Mulhouse/ 40 Min. über die N 66, D 83 und D 5

Als „Menschenfresser" ist dieser Berg in die Geschichte eingegangen.

1914/15 fanden hier die blutigsten Kämpfe des Ersten Weltkriegs im Elsass statt. An die 30 000 getöteten Soldaten erinnern ein Denkmal, eine Krypta und das deutsch-französische *Historial Franco-Allemand du Hartmannswillerkopf (April–Mitte Nov. Di–Sa 10–17, So 10–18 Uhr | memorial-hwk.eu)*, das über die Zeit und Geschichte der Kämpfe informiert. Wer sich ein Bild vom Schlachtfeld machen will, kann das bei einem Spaziergang tun. *C12*

8 GUEBWILLER

25 km nördlich von Mulhouse/ 25 Min. über die D 430

Das 11 500-Ew.-Städtchen im Florival (Blumental) an der Lauch wird leicht übersehen. Dabei gibt es hier viele süße Adressen, die romanische Kirche *Saint-Léger* mit ihren drei Türmen und einen heißen Tipp fürs Nachtleben: Ganz klassisch begann es 1862 mit einem Konzert von Clara Schumann im für seine Akustik berühmten *Dominikanerkloster (34, Rue des Dominicains | les-dominicains.com)*, heute ist hier mit Hip-Hop, Rock und Ambient so ziemlich alles möglich. Der in Guebwiller geborene Keramiker Théodore Deck war im 19. Jh. ein Star und erfand ein neues Blau, das „Bleu Deck", das du auf Skulpturen und Kacheln im *Musée Théodore Deck (1, Rue du 4 Février | Mi–So 14–18 Uhr)* bewundern kannst.

In der langen Hauptstraße Rue de la République mit ihren schönen Jugendstilhäusern und an der Place de l'Hôtel de Ville gibt es viel zu entdecken, z. B. feine Adressen wie die auf *kugloff* spezialisierten Patisserien *Husser* und *Helfter* und das Bistro *La Louve (15, Rue de la République | Tel. 03 89 83 74 86 | abends und So/Mo geschl. | lalouve-guebwiller.com | €)*. Auf der Karte stehen korsisch und sizilianisch inspirierte Gerichte, Salate, Sandwiches und Bagels – und Linzer Torte nach Omas Rezept. In Sachen Wein ist *La Cave des Grands Crus (15, Rue de la République | cavedesgrandscrus.fr)* erste Wahl. Jeden Freitag werden zum Wochenmarkt ein paar Flaschen zum Probieren entkorkt.

5 km talaufwärts in *Murbach* ragen wie in einem Fantasyfilm die Reste einer Klosterkirche aus dem 12. Jh. in der Landschaft auf. Die Kirche gilt als der schönste romanische Bau im ganzen Elsass. *C12*

9 LE MARKSTEIN

45 km nordwestlich von Mulhouse/ 50 Min. über die D 430

Jedes Frühjahr wird das Skigebiet zur großen Kuhweide und bietet Platz genug für Kühe, Wanderer, Spaziergänger und eine Sommerrodelbahn. Ganz in der Nähe tischt Vogesen-Urgestein Jean-Paul Deybach in der *Ferme Auberge du Treh (Tel. 03 89 39 16 79 | Mo/Di geschl. | €)* zum tollen Panorama das beste Melkermenü auf. Das saftige Fleisch, die göttlichen Kartoffeln und der Blaubeerkuchen machen süchtig – und etwas träge. Darum: zuerst wandern, ein Melkeressen dieser Klasse muss verdient werden! Ein Ausflug bietet sich z. B. zum *Lac de Kruth-Wildenstein* an. Am (inoffiziellen) Badesee gibt es

INSIDER-TIPP
Hochgenuss auf der Alm

Ein Ziel für Fachwerk-Fans, „Landlust"-Leser und Apfel-Aficionados: Écomusée Ungersheim

eine Ausleihstation für Kanus, Tretboote, Räder und E-Bikes und einen *Hochseilgarten (April–Juni und Sept./Okt. Sa/So, Sept./Okt. auch Mi 13–18, Juli/Aug. tgl. 9–19 Uhr | parcarbreaventure.com).* *B11*

10 VALLÉE NOBLE

33 km bis Pfaffenheim nördlich von Mulhouse/30 Min. über die D 430 und D 83

Wein, Wein, Wein: Das „noble" Tal, das 30 km nördlich bei Rouffach abzweigt, trägt seinen Namen zu Recht. Beim Winzer *Seppi Landmann (7, Rue du Drotfeld | Tel. 03 89 47 09 33 | seppi-landmann.fr)* in *Pfaffenheim* dürfen Gäste nach Anmeldung bei der Weinlese helfen, mit Weinprobe und Verpflegung aus Landmanns Landküche. Wer die Weinberge einfach so erkunden will, folgt vom Rathaus in Westhalten aus dem Dichterweg *Sentier des Poètes* und erlebt auf Schritt und Tritt die Poesie einer Sprache, die am Verschwinden ist. *C11*

11 ÉCOMUSÉE D'ALSACE ★

16 km nördlich von Mulhouse/20 Min. über die D 430

Das Freilichtmuseum bei Ungersheim gehört zu den Erfolgsgeschichten des Elsass. Über 80 Fachwerkhäuser aus dem ganzen Elsass sowie u. a. ein Turm, eine Mühle und eine Streuobstwiese mit 220 Apfelsorten wurden hierher verpflanzt. Der Dorfbach plätschert wie eh und je, Ausstellungen sowie Handwerks- und Kochvorführungen machen die Reise ins alte Elsass perfekt. *Stark*

Was den Modemachern der Laufsteg, ist der Käsewelt der Reifekeller von Bernard Antony

gestaffelte Zeiten s. Website | ecomusee-alsace.fr | ⏲ 3–5 Std. | 🕮 C12

12 LA GRANGE À BÉCANES IN BANTZENHEIM

17 km nordöstlich von Mulhouse/ 20 Min. über die D 39

In einer ehemaligen Scheune finden Liebhaber dieses kleine Motorradmuseum. Wer mal fahren will, kann das mit einem Simulator. *8, Rue du Général de Gaulle | April–Okt. Di–So 14–17, So auch 10–12.30 Uhr | lagrangeabecanes.com | ⏲ 1 Std. | 🕮 D–E12*

13 MUSÉE DU PAPIER PEINT IN RIXHEIM

7 km östlich von Mulhouse/15 Min. über die D 66

Mit der Erfindung der Panoramatapete holten sich die Bürger die große weite Welt ins Haus. Auf den mehrere Meter großen Tapeten war Platz genug für exotische Szenen, wie das Museum zeigt. *22, Rue Zuber | Rixheim | Mi–Mo 10–12 und 14–18 Uhr | museepapierpeint.org | 🕮 D13*

14 PETITE CAMARGUE ALSACIENNE ★

30 km südöstlich von Mulhouse/ 30 Min. über die A 35

Vögel wie Kiebitz, Rohrweihe und Nachtigall sind in dem Naturschutzgebiet in den Rheinauen bei Saint-Louis heimisch, auch seltene Orchideen wachsen in diesem Dschungel. Das Naturschutzhaus *Maison Éclusière (1, Rue de la Pisciculture | März–Mitte Okt. Mi–So 13–17.30 Uhr | petitecamarguealsacienne.com)* informiert über die Geschichte des Rheins. Geführte Wanderungen werden auch auf Deutsch angeboten. E14

15 PARC DES EAUX VIVES IN HUNINGUE

35 km südöstlich von Mulhouse/ 35 Min. über die A 35

NSIDER-TIPP **Warmduscher, weiterblättern!**

Mitten in Hüningen rauscht eine Wildwasserbahn durch die Kleinstadt. Kanu- und Kajakfahren, Rafting sowie Stand-up-Paddling sind auf dem wilden Wasser möglich. Es gibt Boote und Ausrüstung zum Leihen und auch Anfängerkurse. *Stark gestaffelte Zeiten s. Website | ville-huningue.fr* E14

16 SUNDGAU ★

35 km bis Ferrette südlich von Mulhouse/45 Min. über die D 432

Wie eine Beule drückt sich der Sundgau in die Schweiz hinein, mit der er eine lange Grenze, den Dialekt und sogar eine Tramlinie (Nummer 10 aus Basel, Haltepunkte Leymen und Rodersdorf) teilt. Auch die Juralandschaften mit ihren grauen Felsformationen gleichen sich. Südlich der ehemaligen Habsburger Residenz Ferrette vermittelt der Sundgau das Bild einer aus der Zeit gefallenen Landschaft. Wer noch tiefer in die Vergangenheit eindringen will, sollte auf Burgruinen wie *Landskron* oder *Hohenpfirt* wandern. Dörfer wie *Hirtzbach* bezaubern mit liebevoll bepflanzten Gärten und enormen Bauernhöfen. Im wichtigsten Ort *Ferrette* verleiht *Cycles Roth (3, Route de Lucelle | Tel. 03 89 40 46 22)* Räder und E-Bikes.

Durch den in *Vieux-Ferrette* ansässigen Käseaffineur Bernard Antony ist die Region überregional bekannt. In seinem *Sundgauer Käs-Kaller (5, Rue de la Montagne | Tel. 03 89 40 42 22 | fromagerieantony.fr)* findet die *cérémonie des fromages* (nur mit Anmeldung, 75 Euro pro Person!) statt, außerdem dort auch Verkauf. Den Käsekönig trifft man zudem auf den Wochenmärkten in *Riedisheim (Mi-Vormittag), Huningue (Fr-Vormittag)* und *Altkirch (Sa-Vormittag).* Das typische Essen des Sundgaus aber ist der – meist panierte und frittierte – Karpfen; besonders raffiniert wird er in der *Auberge des Trois Vallées (16, Rue d'Altkirch | Tel. 03 89 40 50 60 | Mo-Abend und Mi geschl. | aubergedestroisvallees.fr | €–€€)* in *Hirsingue* und im Hotelrestaurant *Collin (4, Rue du Château | Tel. 03 89 40 40 72 | Di-Abend und Mi geschl. | hotelcollin.fr | €)* in *Ferrette* zubereitet. C–D 14–15

SCHÖNER SCHLAFEN IM SÜDEN

ABTAUCHEN IN DEN VOGESEN

Die *Ferme Auberge du Gresson (7 Zi. und Matratzenlager | Oberbruck | Tel. 03 89 82 00 21 | ferme-auberge-gresson.fr | €)* in den Vogesen ist nur über eine Wanderung vom Parkplatz Ermensbach zu erreichen. Die *ferme* ist freundlich, gemütlich und dank eigenem Garten und Omas Rezepten auf Zack in der Küche. Die Zimmer bieten eine Aussicht de luxe. Toll ist eine kleine Tour zum Badesee Neuweiher oder eine große zum Ballon d'Alsace.

ERLEBNIS TOUREN

Lust, die Besonderheiten der Region zu entdecken? Dann sind die Erlebnistouren genau das Richtige für dich! Ganz einfach wird es mit der MARCO POLO Touren-App: Die Tour über den QR-Code aufs Smartphone laden – und auch offline die perfekte Orientierung haben.

1 AUF DEM FAHRRAD DURCHS „KRUMME" ALSACE BOSSUE

- Ins Grüne radeln und das Land entdecken
- Bier & Brezel chez Anneliese
- 's gilt: Bierproben und Schinkenbrote!

Lorentzen

Lorentzen

ca. 40 km

4–5 Stunden,
reine Fahrzeit 3 Stunden

E-Bike 20 Euro (halber Tag 13 Euro), Fahrrad 10 (5) Euro. Die Räder müssen 24 Stunden vorher reserviert werden! Mitnehmen: Picknick, Picknickdecke, Sonnenschutz, Wasser, Fahrradkorb oder -tasche für Einkäufe

Tour 3 startet in einem von „Frankreichs schönsten Dörfern": Eguisheim

Im Ausgangspunkt ❶ **Lorentzen** verleiht das **Office de Tourisme** *(90, Rue Principale | Tel. 03 88 00 40 39 | tourisme.alsace-bossue.net)* neben dem Schloss Räder und E-Bikes, auf Wunsch und ohne Aufpreis mit Fahrradkorb, Kindersitz und Helmen. *Du startest beim Château, biegst links auf die Hauptstraße ein und nimmst am Kreisel am Ortsausgang den Feldweg. An der Brücke radelst du rechts am jüdischen Friedhof vorbei bis zum Ortseingang von Diemeringen. Dort die Straße queren und die erste Steigung auf der Rue de l'Étang sportlich nehmen. Die letzten Häuser hast du gleich hinter und eine schöne Aussicht vor dir. Im Wald an der Kreuzung links nach Ratzwiller fahren.*

❶ Lorentzen

9 km

PICKNICK AM SEE

Auf der Hauptstraße verlässt du den Ort und fährst geradeaus auf einem abschüssigen Feldweg zu einem Weiher mit Schattenplatz fürs Picknick. Achtung: Bodenwellen – Tempo drosseln! *Am See hältst du dich links* und radelst zur rustikalen ❷ **Ratzwiller Mühle** *(tgl.)*. Wirtin Anneliese versorgt dich mit Bier, Sirup und, falls da, mit Brezeln. Das erste Drittel ist nun geschafft. *In einer Rechtskurve verlässt du die Fahrstraße. Hier zweigt ein Waldweg ab.* Jetzt geht es über Stock und Stein und

❷ Ratzwiller Mühle

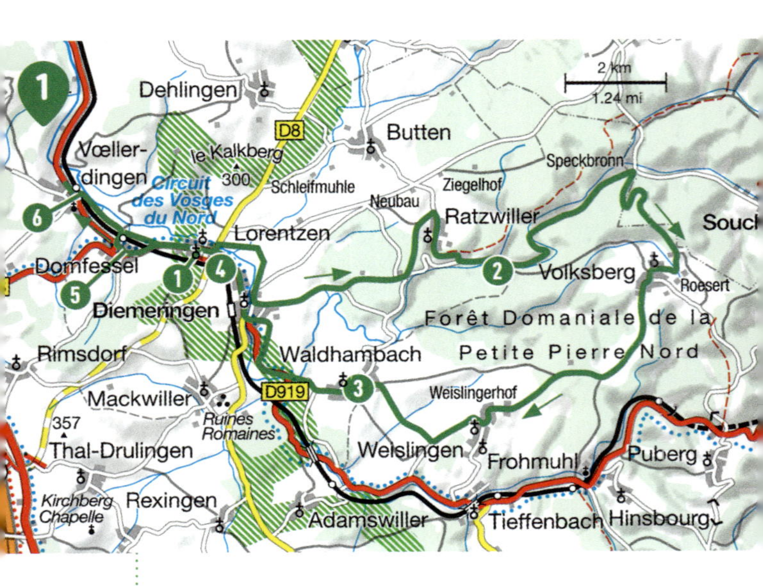

17 km

③ Waldhambach

5 km

④ Lorentzen

Wurzeln. *An einer kleinen Brücke fährst du rechts* bis zur Heidenkirche, Überbleibsel eines im 16. Jh. verlassenen Dorfs.

STOPP IN DER KLEINEN DORFBRAUEREI

An der nächsten Etappe (Speckbronn) fährst du rechts in den Wald – jetzt kommt das steilste Stück der Tour. Mitten im Wald biegst du erneut rechts ab und folgst dem Schild „Volksberg". Dort radelst du über die Hauptstraße nach Weislingen, wo du an der Kirche dem Schild „Toutes Directions" folgst. Am Ortsausgang biegst du rechts in die Rue des Cérises ein und kommst nach Wald, Wiesen und Wasserturm zum vielleicht schönsten Dorf auf dieser Tour, **③ Waldhambach**. Die Biomikrobrauerei **Blessing** *(6, Rue de la Promenade | Tel. 06 71 26 90 16 | Di–Fr 14–18, Sa 9–12 Uhr und nach Anmeldung | brasserieblessing.fr)* dort ist einen Stopp wert.

BITTE MASS HALTEN: SCHON WIEDER EINE BRAUEREI …

Bis Diemeringen erlebst du wieder das nun schon vertraute Auf und Ab. *Von hier zurück nach* **④ Lorentzen** *sind es dann nur noch wenige Minuten auf gerader Strecke. Am Ortseingang* befindet sich die **Mikrobrauerei Roehrig** *(Mo–Fr 9–12 und 13.30–17.30, Sa 8–12 Uhr),* die ihre Biere Lorentzer Weisse und S'Helle zur Kostprobe gibt. *Lorentzen jetzt der Länge nach durchfahren.* Im nächsten Ort ❺ **Domfessel** ist die evangelische **Wehrkirche** *in der Dorfmitte* das Ziel.

Nach der Kirche nimmst du die erste Straße rechts (Rue de l'École), fährst runter zur Departementsstraße und dann links bis ❻ **Vœllerdingen** zum Bioládele **Les Vergers d'Arlette** *(9, Rue Principale | lesvergersdarlette.com)* von Arlette und Gérard Carrière zur Apfelsaft-, Cidre- oder Schnapsprobe. *Dann kehrst du um und biegst links in die abschüssige Rue du Moulin ein.* Am Ende der Straße gibt es einen Angelweiher und leckere Schinkenbrote bei der **Moulin de Vœllerdingen** *(Di–So 8–19 Uhr)* von Familie Klein. *Nach* ❶ **Lorentzen** *zurück sind es auf gleicher Strecke dann nur noch wenige Minuten.*

❷ TAGESWANDERUNG BEI DAMBACH-LA-VILLE

- **Auf der Spur der Steine: Ritter und Kelten entdecken**
- **Alte Pracht vor Augen: flanieren in Dambach-la-Ville**
- **Voller Bauch und Genuss: tafeln in Scherwiller**

Start: Scherwiller
Ziel: Scherwiller
Strecke: ca. 18 km
Dauer: 1 Tag, reine Gehzeit gut 5 Stunden
Schwierigkeit: leicht

Da es im Wald Zecken *(tiques)* gibt, solltest du dich nicht einfach so ins Gras setzen – auf der Tour gibt es ausreichend Sitzbänke.
Wenn du am Abend essen gehen willst, denk daran, dass es vor 19 Uhr keine warme Küche gibt, und reservier vorab.

Am ehemaligen Steinbruch an der **Huehnelmuehle** bei ❶ **Scherwiller** begleitest du *auf der Ancienne Redoute, einem Teil der Maginotlinie, westwärts einen Bach durch einen Mischwald. Du folgst dem gelben Kreis und biegst beim Chemin du Tilleul (Lindenweg) rechts ab in den Forêt de Brischbach und wanderst die nächsten Kilometer bergauf,* vorbei an markanten Felsen. Erstes Ziel ist der ❷ **Falkenstein** mit seinem tollen Tal- und Burgenblick. Wo, wenn nicht hier rasten?

PICKNICK AUF DER BURGRUINE

Anschließend folgst du zuerst dem gelben Dreieck, dann dem gelben Kreis. Am Wegkreuz Kriegshurst folgst du dem roten Rechteck nach links durch schönen Eichenwald bis zur Burgruine ❸ **Bernstein**. Die Holztische sind ideal fürs Picknick und der Turm ist begehbar. Kinder darfst du hier aber nicht unbeaufsichtigt kraxeln lassen, weil die Ruine sehr steile Treppen hat! *Du nimmst den Pfad bergab (rotes Kreuz, blauer Kreis) bis zur* ❹ **Chapelle Saint-Sébastien**, die für ihre Schnitzereien berühmt ist. Im Beinhaus liegen mehrere Tausend (!) Skelette aus der Zeit der Bauernkriege, die hier tobten.

Auf dem Weg zur Ruine Bernstein wanderst du durch diesen Laubwald

❺ **Dambach-la-Ville** ist schon zu sehen, wenn du *auf der Fahrstraße durch die Weinberge gehst. Wenn du der Straße folgst, kommst du direkt ins Zentrum* mit dem prächtigen **Rathaus** aus der Renaissance. *Gleich nach dem Tor liegt rechts* das Restaurant **À l'Arbre Vert** *(2, Rue du Général de Gaulle | Tel. 03 88 92 41 01 | Mi und außer Fr–So abends geschl. | €)* Der „Grüne Baum" ist eine traditionelle Wirtschaft, wo es alles gibt, was zu einem Elsässer Wein schmeckt, also Presskopf mit *sauce gribiche, coq au vin* und Leberknepfle – und natürlich Flammkuchen.

MAL SCHAUEN, WIE EIN GRAND CRU WÄCHST

Nach einer ausgiebigen Pause geht es *an der Straße bergauf parallel zur Stadtmauer weiter und dann links, immer dem Jakobsweg nach durch die Weinberge.* Rechts schaust du auf die Grand-Cru-Lage Frankstein. *In Dieffenthal überquerst du eine Fahrstraße und folgst dem Zeichen „Jardin Médiéval" durch eine Straße mit bunten Fachwerkhäusern.* Oberhalb des mittelalterlichen Kräuter- und Blumengartens thront der 6 **Rocher des Celtes** (Keltenfelsen) mit einem Pavillon. Besagter Felsen mit seinen mit Wasser gefüllten Mulden soll einst ein keltischer Ritualplatz gewesen sein. *Geh dann*

2 km

6 Rocher des Celtes

wieder hinunter zu der Stelle, wo du abgezweigt bist, und folgst dem Weg durch die Reben.

HABSBURGERBURG MIT BURGBLICK

Sobald du ein rotes Dreieck siehst, verlässt du den Weg und gehst stramm bergauf. Den Wald erreichst du auf einem Pfad, der dann in einen breiten Weg zur 7 **Ortenbourg** übergeht. Das von den Habsburgern gebaute Felsennest liegt strategisch günstig: Rhein- und Weilertal sowie Hohkönigsburg sind von hier oben zu sehen.

Der Waldweg bergab zur Huehnelmuehle ist gut ausgeschildert und passiert Findlinge und eine leergeräumte Kapelle. *Der Ausgangspunkt ist bald erreicht.* Fürs Abendessen bietet sich das auf Flammkuchen und Herzhaftes (Kalbskopf!) spezialisierte **À La Couronne** *(2, Rue de la Mairie | Tel. 03 88 92 06 24 | tgl. | couronne.com | €)* in 1 **Scherwiller** an: lauschiger Innenhof, sagenhaft guter Flammkuchen, flinker Service und ein Prosit auf die Klassiker!

INSIDER-TIPP
Krönender Abschluss in der „Krone“

3 GENUSSTOUR VON EGUISHEIM NACH NIEDERMORSCHWIHR

- Von der Weinstraße auf die Alm
- Ein Nachmittagsspaziergang zur Burg Wineck
- In altehrwürdigen Weinstuben einkehren

Eguisheim

Niedermorschwihr

gut 60 km

1 Tag, reine Fahrzeit knapp 90 Minuten

Denk an die Promillegrenze von 0,5. Bei Weinproben darfst du auch ausspucken.
Fürs Restaurant unbedingt reservieren. Auch für eine Weinprobe beim Winzer empfiehlt sich telefonische Anmeldung.

In ❶ Eguisheim an der Weinstraße geht es immer rund, viele Touristen und Ringstraßen um die ehemalige Wasserburg machen den Charakter des Städtchens aus, das schon mal zu Frankreichs schönstem Dorf gewählt wurde. Vielleicht entdeckst du den kleinen Laden Le Comptoir des Saveurs *(14, Rue du Rempart Sud)* mit Käse und Salami oder im Ortskern die kleine, feine Boucherie Edel *(2, Place du Château Saint-Léon)* mit Restaurant und Terrasse für einen Café au Lait. Besonders leckere Croissants bekommst du in der Pâtisserie Marx *(39, Grand'Rue)*.

Brezeln und Croissants: Bäcker Marx in Eguisheim ist ein sicherer Tipp

BURGEN IM DREIERPACK

Von Eguisheim führt die Weinstraße zunächst nach Süden und dann kurvenreich durch die Reben auf die Route des Cinq Châteaux. Im Wald bietet sich rechts bei den ❷ Trois Châteaux ein Stopp an. Vom Parkplatz sind es nur ein paar Minuten dorthin. Die nächste Burg ist die proper hergerichtete ❸ Hohlandsbourg mit Café. Der Ausblick auf die Elsässer Weinherrlichkeit ist gigantisch.

Über die Burgenstraße gelangst du hinunter ins Munstertal, wo du auf der D417 ein kurzes Stück Richtung Munster fährst und dann Richtung Wasserbourg abzweigst. Ziel ist die ❹ Ferme Auberge Le Buchwald *(Tel. 03 89 77 37 08 | Mo geschl. | €)* auf der Alm. Bei den hübsch gefleckten Kühen handelt es sich um *vosgiennes,* die von Familie Wehry gezüchtet werden. Dieses Vogesenrind liefert die beste Milch für Butter, Munster- und Bergkäse. Mit schöner Aussicht auf der Terrasse schmeckt das Mittagessen noch besser. Vor der Weiterfahrt kannst du dich für ein Picknick oder zu Hause eindecken.

INSIDER-TIPP
Aussicht: Aaah! Essen: Ooh!

NACHSPÜLEN MIT EINEM SCHLUCK CREMANT

Gut gegessen? Dann darf eine Weinprobe ruhig kommen! Ziel ist das Weingut ❺ Vins Schoenheitz *(1, Rue*

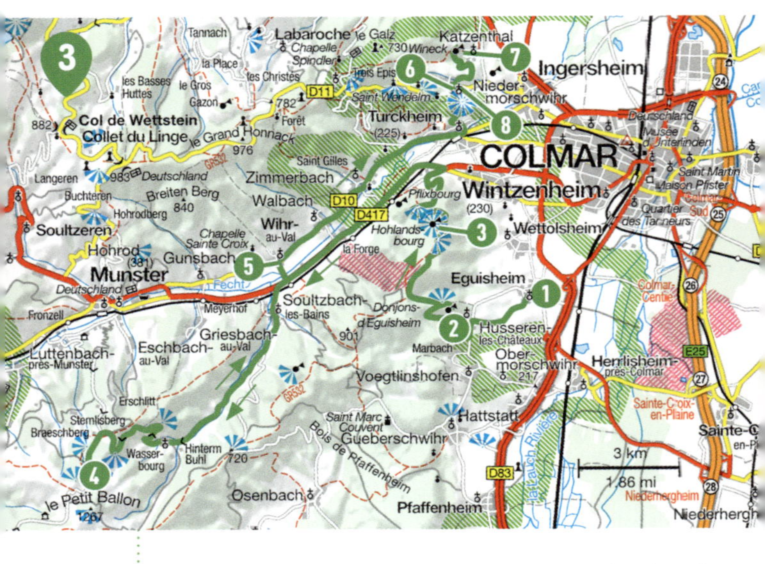

de Walbach | Tel. 03 89 71 03 96 | vins-schoenheitz.fr) in Wihr-au-Val. *Dafür nimmst du den gleichen Weg runter, überquerst die D 417 und fährst geradeaus in den Ortskern.* Mit seinem Riesling und Crémant macht Henri Schoenheitz seinem Namen alle Ehre.

10 km

BEI DER KÖNIGIN DER KONFITÜREN

6 Niedermorschwihr

Für die Weiterfahrt bietet sich die beschauliche D 10 längs der Fecht an. Am Busbahnhof in Turckheim biegst du links ab und fährst nach **6 Niedermorschwihr**, *wo du rechts Richtung Colmar abbiegst. Der Parkplatz ist am Ortsausgang links.* Der Ort ist bekannt für den verdrehten Kirchturm seiner **Dorfkirche** und durch die **Maison Ferber** *(Mo geschl.) in der Dorfmitte:* Dort führt und rührt die längst international bekannte Christine Ferber Zepter und Kochlöffel. Ob *Kougelhopf* oder Konfitüre (z. B. Himbeere mit Sternanis oder Veilchen), alles ist köstlich, hat aber auch seinen Preis.

3 km

RICHTIG GUTE BIOWEINE

7 Katzenthal

Vor dem Abendessen ist ein Spaziergang (ca. 90 Minuten hin und zurück) zur **Burgruine Wineck** in **7 Katzenthal** angesagt. *Der Weg beginnt gleich neben dem*

Parkplatz (Wanderzeichen gelbes Dreieck). In Katzenthal kommst du am Demeter-Weingut **Klur** *(105, Rue des Trois Épis | Tel. 03 89 80 94 29 | klur.net)* vorbei; vielleicht hast du im Rucksack ja noch Platz für zwei, drei Flaschen ... *Von hier sind es noch zehn Minuten über den Chemin du Château* zur Wineck, der einzigen Burg in einem Weinberg. Der Blick ins Tal ist wieder mal sehr, sehr schön.

3 km

FESTSCHMAUS IN DER WINSTUB

Zurück geht es dann über den gleichen Weg. In ⑧ **Niedermorschwihr** ist die *Winstub* **Caveau Morakopf** *(7, Rue des Trois Épis | Tel. 03 89 27 05 10 | Mo geschl. | caveaumorakopf.fr | €€)* mit Terrasse und sehr guter Weinkarte erste Wahl, wenn du nicht an einem der Ruhetage des Lokals unterwegs bist. Seitdem ein Österreicher den Kochlöffel schwingt, schmeckts noch besser; die Karte wechselt häufig. Eine nicht minder empfehlenswerte Alternative ist anderenfalls das **Caveau des Chevaliers de Malte** *(127, Rue des Trois Épis | Tel. 03 89 27 09 78 | So-Abend und Mo–Do geschl. | €).* Raymonde Wolff schwört auf warme Fleischpastete nach altem Familienrezept.

⑧ Niedermorschwihr

④ GEMÜTLICH AUF DEM RAD DURCH DEN SUNDGAU

- **Der Illquelle einen Besuch abstatten**
- **Wunderbare Waldpartien genießen**
- **Zum Abschluss *carpe frite* schmausen**

Start: Ferrette
Ziel: Ferrette
Strecke: rund 50 km
Dauer: ½ Tag, reine Fahrzeit ca. 4 Stunden

Fahrradverleih in Ferrette (normales Rad 15 Euro, E-Bike 25 Euro, E-Mountainbike 35 Euro): **Cycles Roth** *(3, Route de Lucelle | Tel. 03 89 40 46 22)*
Fürs Abendessen rechtzeitig reservieren!

❶ Ferrette

Mit seiner Infrastruktur – Geschäfte, Gastronomie, Fahrradverleih, Office de Tourisme – ist der Hauptort des Sundgaus **❶ Ferrette** idealer Ausgangspunkt für eine Radtour. Wenn du samstags startest, kannst du dich auf dem kleinen Bauernmarkt mit *bürabrot* (Holzofenbrot), Speck und Käse eindecken. *Du verlässt das Städtchen am oberen Ortsausgang Richtung Ligsdorf und nimmst die D 432: Puh, erst einmal gehts stramm bergauf!*

9 km

ES PLÄTSCHERT DER BACH

Auf der Departementsstraße zweigst du rechts ab und schnurrst nach dem Bergsattel entspannt talwärts nach Bendorf, das du in Richtung Moulin de Bendorf verlässt. Die Chapelle Saint-Antoine lässt du rechts liegen und radelst geradeaus nach Winkel bis zum Rathaus (mairie) und dann links in die Rue Principale. Du triffst direkt auf die schräg an den Hang gebaute Chapelle de Warth. Wenn du noch ein Stück weiterfährst, kommst du zur **❷ Illquelle** am Glaserberg, dem Ursprung des wichtigsten Flusses im Elsass. *Radle die gleiche Strecke retour bis zur Chapelle Saint-Antoine und bieg dort rechts ab nach Ligsdorf* und begleite die Ill, die hier noch ein kleiner Bach ist.

❷ Illquelle

STIPPVISITE IN DER SCHWEIZ

In Hippoltskirch zweigst du für eine wunderbare Waldpartie *rechts ab: Die D21b* führt kurvig über den Osthang des Glaserbergs. Zuerst musst du gut in die Pedale treten, kurz nach der Ferme Blochmont kannst du es aber rollen lassen. Das nächste Dorf Kiffis liegt unmittelbar an der Schweizer Grenze. *Hier radelst du durch Wald und Wiesen nach Lutter in die* ❸ **Auberge Paysanne** *(1, Rue de Wolschwiller | Tel. 03 89 40 71 67 | Mo/Di und So-Abend geschl. | auberge-hostellerie-paysanne.com),* wo du ein Top-Mittagessen bekommst, bei gutem Wetter draußen auf der Terrasse. *Auf der D23 fährst du anschließend über Wolschwiller und Biederthal nach Rodersdorf* – immer noch Sundgau, aber schon Schweiz. *An der Rodersdorfer Kirche zweigst du anschließend links ab mit dem Ziel* ❹ **Oltingue**. In Öltingen lohnt sich ein kurzer Besuch im **Musée Paysan** *(Mitte Juni–Sept. Di, Do, Sa und So 15–18, März–Mitte Juni und Okt.–Mitte Nov. So 14–17 Uhr | museepaysan-oltingue.com),* dem ersten Heimatmuseum auf dem Land. Hier ist sogar eine goldene Brezel ausgestellt!

20 km

❸ Auberge Paysanne

13 km

❹ Oltingue

10 km

❶ Ferrette

Auf nahezu ebener Strecke und in Sichtweite der Ill geht es dann durch die hübschen Blumendörfer *Fislis (hier scharf links abbiegen) und Bouxwiller. Hier zweigst du in die Rue du Réservoir ab, biegst einmal leicht rechts, dann leicht links ab und gelangst anschließend über die Rue Zuber auf die Rue du Château zurück nach* ❶ **Ferrette**. *Du kommst in der Unterstadt an,* wo auch die beiden Restaurants **Collin** ➤ S. 113 und **Au Cheval Blanc** *(3, Rue Léon Lehmann | Tel. 03 89 40 41 30 | Mo/Di geschl. | €)* warten. Beide haben den Sundgauklassiker *carpe frite* und natürlich *tarte flambée* auf der Karte. Mach zuvor aber noch einen Fünf-Minuten-Spaziergang hinauf zur **Burg**. Was für eine Aussicht!

Krönender Abschluss der Tour ist dieser Blick von der Burg in Ferrette

GUT ZU WISSEN

DIE BASICS FÜR DEINEN URLAUB

ANKOMMEN

ANREISE

Für Straßburg bieten sich die Grenzübergänge Kehl (A 5, Ausfahrt Appenweier) sowie etwas weiter südlich über den Pont Pflimlin (A 5, Ausfahrt Offenburg) an, für Mulhouse der Autobahnanschluss über das Autobahndreieck Neuenburg. Kleinere Grenzübergänge sind die Fähren Kappel–Rhinau, Greffern–Drusenheim und Plittersdorf–Seltz sowie bei Lauterbourg auf die französische A 35. Wissembourg erreicht man auch über die A 65 (Landau) und B 38 (Bad Bergzabern), das Nordwestelsass auch über die A 6 bei Saarbrücken.

Straßburg ist der zentrale Bahnhof für Züge aus Deutschland, die via Offenburg fahren. Von dort verkehrt auch die Ortenau-S-Bahn *(ortenau-s-bahn.de)* nach Straßburg. Wissembourg ist durch die Verkehrsverbünde Rhein-Neckar *(vrn.de)* und Karlsruhe *(kvv.de)* ans deutsche Bahnnetz angeschlossen. Mulhouse und Colmar sind nur über Straßburg bzw. Basel zu erreichen. *bahn.de, tgv-europe.de*

Straßburg, Obernai, Colmar und Mulhouse sind ans deutsche und Schweizer Fernbusnetz angeschlossen *(flixbus.de)*.

Der Straßburger Flughafen Entzheim *(strasbourg.aeroport.fr)* wurde bei Redaktionsschluss aus Deutschland nur von München und Frankfurt aus angeflogen. Zum Euro-Airport Basel-Mulhouse-Freiburg *(euroairport.com)* bestehen Verbindungen von mehreren deutschen Städten.

KLIMA & REISEZEIT

Vom regenreicheren Sundgau abgesehen, gehört das im Windschatten der Vogesen gelegene Elsass zu den trockensten Regionen Frankreichs. Frühling und Herbst sind mild, während

Reben und Burgen: zwei ständige Begleiter im Elsass, hier in Kaysersberg

der Sommer in der Rheinebene oft heiß und schwül wird. In den Vogesen ist es natürlich kühler, dort gibt es auch schnelle Wetterwechsel und Gewitter. Inversionswetterlagen sorgen im Herbst und Winter häufig für Sonne auf der Höhe und Nebel in der Ebene. *meteofrance.com*

WEITER-KOMMEN

AUTO

Auf französischen Autobahnen gilt Tempo 130 (bei Regen 110) km/h, auf Landstraßen 80, teilweise 90 bzw. 110, in Ortschaften 50 km/h. Die Promillegrenze liegt bei 0,5. Der Pannendienst *(alsace-depannage.fr)* hat die *Tel.-Nr. 03 65 61 26 60.* Der größte Teil der Autobahnen im Elsass ist anders als im übrigen Frankreich mautfrei. Eine Ausnahme ist die 2021 fertiggestellte Straßburger Umgehungsautobahn *Grand Contournement Ouest* (A355): Sie ist Frankreichs teuerste *autoroute.* Die Höhen- und Kammstraßen sind im Winter und Frühjahr meist gesperrt.

Beim Parken gilt: Je näher am Zentrum, desto teurer wird es. Städte wie Straßburg vermitteln dies über Farbsymbolik: Grün ist günstig, gelb teurer und rot Luxus. Über Mittag sind Parkplätze oft gratis. Parkuhren akzeptieren auch Kreditkarten. Bei vielen Parkuhren muss man sein Kennzeichen eingeben. Wer Strafzettel innerhalb einer bestimmten Frist bezahlt, spart richtig Geld.

Um in die Innenstadt von Straßburg fahren zu dürfen, benötigst du eine Umweltvignette, sobald die Schadstoffwerte erhöht sind. Die Vignette kostet 3,70 Euro und ist ausschließlich

GRÜN & FAIR REISEN

Du willst beim Reisen deine CO_2-Bilanz im Hinterkopf behalten? Dann kannst du deine Emissionen kompensieren *(atmosfair.de; my climate.org)*, deine Route umweltgerecht planen *(routerank.com)* oder auf Natur und Kultur *(gate-tourismus.de)* achten. Mehr über ökologischen Tourismus erfährst du hier: *oete.de* (europaweit); *ger manwatch.org* (weltweit).

online erhältlich *(certificat-air.gouv.fr)*. Die Broschüre auf Deutsch: *short.tra vel/els9*. Praktisch: Die Vignette gilt auch in anderen Städten Frankreichs mit dem „Crit-Air"-System.

MIETWAGEN

Ein Preisvergleich lohnt sich, da sich die Verleiher mit Wochenend-, Mehrtages- und Bahn-Kombi-Angeboten Konkurrenz machen. Je nach Saison kostet ein Mittelklassewagen zwischen 50 und 100 Euro pro Tag.

ÖFFENTLICHE VERKEHRSMITTEL

Der Schienenregionalverkehr TER *(ter. sncf.com/grand-est)* ist nicht nur gut ausgebaut, sondern transportiert auch Räder. Infos zu Strecken, Fahrzeiten, Tickets und preiswerten Angeboten wie z. B. dem 24-Stunden-Ticket ALSA+ stehen auf *vialsace.eu, sncf.com* und *de.oui.sncf/de/tgv*. Die zentrale Auskunftsnummer der Bahn fürs Elsass ist *Tel. 08 05 41 54 15*. Zu einigen außerhalb gelegenen touristischen Zielen gibt es auch Shuttlebusse.

IM URLAUB

AUSKUNFT

Eine erste Anlaufstelle für Fragen und Infomaterial aller Art sind die *Offices de Tourisme*, die es in fast jedem Ort gibt. Auch die Websites *france.fr, visit. alsace.de* und *alsace-destination-tou risme.com* stecken voller Informationen.

EINTRITTSPREISE

Größere Museen verlangen meist zwischen 7 und 10 Euro Eintritt, international bekannte auch mehr. Beispielsweise kostete das Straßburger MAMCS bei Redaktionsschluss 7,50 Euro, das berühmte Unterlinden in Colmar 13 Euro. Private Sammlungen sowie Tier- und Freizeitparks sind meist teurer, z B. das Voodoomuseum in Straßburg 14, das Didiland 23, der Tierpark Sainte-Croix 27,50 Euro.

FEIERTAGE

1. Jan.	Neujahr *(Jour de l'An)*
März/April	Karfreitag *(Vendredi Saint)*
März/April	Ostermontag *(Lundi de Pâques)*
1. Mai	Tag der Arbeit *(Fête du Travail)*
8. Mai	Kriegsende 1945 *(Victoire 1945)*
Mai/Juni	Christi Himmelfahrt *(Ascension)*
Mai/Juni	Pfingstmontag *(Lundi de Pentecôte)*
14. Juli	Nationalfeiertag *(Fête Nationale)*
15. Aug.	Mariä Himmelfahrt *(Assomption)*
1. Nov.	Allerheiligen *(Toussaint)*
11. Nov.	Waffenstillstand 1918 *(Armistice 1918)*
25. Dez.	Weihnachten *(Noël)*
26. Dez.	2. Weihnachtstag *(Saint-Étienne)*

GELD & KREDITKARTEN

Sehr verbreitet sind Kreditkarten, die in Frankreich auch schon für Kleinst-

FESTE & EVENTS

RUND UMS JAHR

FEBRUAR

Salon des Vins des Vignerons Indépendants (Straßburg): Weinmesse der unabhängigen Winzer

MÄRZ

Le Printemps des Bretelles (Illkirch-Graffenstaden), *printempsdesbretelles.com:* Akkordeonfestival

APRIL

Henter'm Kallerladel (Mittelbergheim): Weinfest

MAI

Fête des Asperges (Hœrdt): Spargelfest

Ateliers Ouverts (ganzes Elsass), *ateliers-ouverts.net:* Künstler und Kunsthandwerker öffnen ihre Werkstätten.

JUNI

Fête de la Musique: Gratiskonzerte in allen größeren Städten

Flohmarkt in der Krutenau (Straßburg), *lesbateliers.com*

Le Printemps du Tango (Mulhouse): Tangofestival

JULI

Streisselhochzeit (Seebach), *streisselhochzeit-seebach.com:* Volksfest

Décibulles (Villé): Rockfestival

AUGUST

Au Grès du Jazz (La Petite-Pierre), *festival-augresdujazz.com:* Jazzfestival

Festival du Houblon (Haguenau), *festivalduhoublon.eu:* Hopfenfest mit Folklore und Musik aus aller Welt

SEPTEMBER

Pfifferdaj (Ribeauvillé): Mittelalterfest

Festival Voix & Route Romane (mehrere Orte), *voix-romane.com:* Festival der mittelalterlichen Musik

Fête de la Choucroute (Krautergersheim): Sauerkrautfest

DEZEMBER

Weihnachtsmärkte, besonders groß in Colmar (Foto) und Straßburg

WAS KOSTET WIE VIEL?

Kaffee	1,50–2 Euro *für eine Tasse Espresso*
Bootsfahrt	um 10 Euro *für eine 45-minütige Rundfahrt in Straßburg*
Wein	3,50–8 Euro *für 0,25 l Riesling*
Eintritt	9 Euro *für die Hohkönigsburg*
Imbiss	3–5 Euro *für ein Baguette-Sandwich*
Benzin	um 1,50–1,60 Euro *für 1 l Super 95*

beträge etwa beim Bäcker benutzt werden. Geldautomaten sind überall vorhanden. Im Südelsass werden oft auch Schweizer Franken akzeptiert.

INTERNETZUGANG & WLAN

Mulhouse war Frankreichs erste Stadt mit freiem WLAN *(wifilib)*, heute haben es auch Colmar und Straßburg *(WiFi4EU)*, aber nicht flächendeckend.

MUSEUMSPÄSSE

In rund 350 Museen im ganzen Elsass, in weiten Teilen Baden-Württembergs, in der Pfalz und der nordwestlichen Schweiz erhältst du mit dem oberrheinischen Museumspass *(112 Euro/Jahr | museumspass.com)* freien Eintritt. Günstig in Straßburgs Museen kommst du mit der in den Museen und im *Office de Tourisme (17, Place de la Cathédrale | Tel. 03 88 52 28 28)* erhältlichen Strasbourg City Card *(6,50 Euro | visit strasbourg.fr)*, die an sieben Tagen für 15 Museen und touristische Angebote den Eintritt reduziert. Mulhouse bietet für 18 Euro den *Mulhouse City Pass (tourisme-mulhouse.com)* an.

ÖFFNUNGSZEITEN

Etliche Geschäfte haben montags oder montagvormittags und sonst über Mittag geschlossen. Supermärkte sind meist durchgehend bis 20 Uhr geöffnet.

SICHERHEIT

In den Großstädten gibt es einige No-go-Viertel. In Straßburg sind das Cronenbourg, Elsau und Neuhof, in Mulhouse Les Coteaux und Bourtzwiller.

TELEFON & HANDY

Vorwahlen: Frankreich *0033*, Deutschland *0049*, Österreich *0043*, Schweiz *0041*. Innerhalb Frankreichs gibt es keine Vorwahlen, bei Anrufen aus dem Ausland muss aber die Null am Beginn der zehnstelligen Nummer weggelassen werden.

TRINKGELD

Üblich ist ein Trinkgeld von fünf bis zehn Prozent – natürlich nur, wenn du mit dem Service zufrieden warst.

UNTERKUNFT

Für Frankreich typisch ist das große Angebot an Campingplätzen *(tourisme-alsace.com/fr/campings, campingfrance.com)*. Günstige Hotelalternativen sind *gîtes ruraux* genannte Ferienwohnungen und -häuser *(gites-de-france-alsace.com)* und *chambres d'hôtes*

(Gästezimmer) sowie Ferienwohnungen beim Winzer *(elsass-weinstrasse.com)*. Jugendherbergen gibt es in Colmar, Lautenbach, Saverne und Straßburg *(fuaj.org)* sowie in Mulhouse *(aubergejeunesse-mulhouse.com)*.

ZOLL

In der EU darf man Waren zum privaten Gebrauch unbeschränkt ein- und ausführen. Richtwerte hierfür sind u. a. 800 Zigaretten und 10 l Spirituosen. Die Schweiz erlaubt 5 l Wein, 1 l Spirituosen und 250 Zigaretten.

NOTFÄLLE

DIPLOMATISCHE VERTRETUNGEN

- *Deutsches Konsulat (6, Quai Mullenheim | Straßburg | Tel. 03 88 24 67 00 | strassburg.diplo.de)*
- *Österreichisches Konsulat (29, Avenue de la Paix | Straßburg | Tel. 03 88 35 13 94 | bmeia.gv.at)*
- *Schweizer Kosulat (23, Rue Herder | Straßburg | Tel. 03 88 35 00 70 | eda.admin.ch/strasbourg)*

GESUNDHEIT

Mit der Europäischen Krankenversicherungskarte EHIC ist die Behandlung gratis oder Arzt bzw. Krankenhaus stellen eine Rechnung aus, die deutsche Kassen im Rahmen der deutschen Sätze erstatten. Je nach Standort liegt ein deutscher Arzt bzw. ein deutsches Krankenhaus näher. Apotheken sind gut an den Schildern mit blinkendem grünem Kreuz zu erkennen.

INSIDER-TIPP
Bei Krankheit eventuell über die Grenze

NOTRUF

Allgemeiner, EU-weiter Notruf: *Tel. 1 12*

WETTER IN STRASSBURG

	JAN.	FEB.	MÄRZ	APRIL	MAI	JUNI	JULI	AUG.	SEPT.	OKT.	NOV.	DEZ.
Tagestemperaturen	3°	6°	10°	15°	19°	22°	25°	24°	21°	15°	8°	5°
Nachttemperaturen	-2°	-1°	2°	5°	9°	12°	13°	13°	10°	7°	2°	-1°
Sonnenschein Stunden/Tag	1	3	4	5	6	7	8	7	6	3	2	1
Niederschlag Tage/Monat	9	8	9	10	12	11	10	10	8	8	9	9

Sonnenschein Stunden/Tag   Niederschlag Tage/Monat

SPICKZETTEL FRANZÖSISCH

SMALLTALK

ja/nein/vielleicht	oui/non/peut-être	ui/nong/pöhtätr
bitte	s'il vous plaît	ßil wu plä
danke	merci	märßih
Gute(n) Morgen!/Tag!/ Abend!/Nacht!	Bonjour!/Bonjour!/ Bonsoir!/Bonne nuit!	bongschuhr/ bongschuhr/bongßoar/ bonn nüi
Hallo!/Tschüss!/Auf Wiedersehen!	Salut!/Salut!/Au revoir!	ßalü/ßalü/o rövoar
Ich heiße …	Je m'appelle …	schö mapäll …
Ich komme aus …	Je suis de …	schö süi dö …
Entschuldigung!	Pardon!	pardong
Wie bitte?	Comment?	kommang
Das gefällt mir (nicht).	Ça (ne) me plaît (pas).	ßa (nö) mö plä (pa)
Ich möchte …	Je voudrais …	schö wudrä
Haben Sie?	Avez-vous?	aweh wu

ZEIGEBILDER

ESSEN & TRINKEN

Die Speisekarte, bitte.	La carte, s'il vous plaît.	la kart ßil wu plä
Könnte ich bitte … haben?	Puis-je avoir … s'il vous plaît?	püischö awoar … ßil wu plä
Flasche/Karaffe/Glas	bouteille/carafe/verre	buteij/karaf/wär
Messer/Gabel/Löffel	couteau/fourchette/ cuillère	kutoh/furschät/ küijär
Salz/Pfeffer/Zucker	sel/poivre/sucre	ßäl/poawr/ßükr
Essig/Öl	vinaigre/huile	winägr/üil
Milch/Sahne/Zitrone	lait/crème/citron	lä/kräm/ßitrong
mit/ohne Eis/ Kohlensäure	avec/sans glaçons/ gaz	awäk/ßang glaßong/ gaß
Vegetarier(in)	végétarien(ne)	weschetarijäng/ weschetarijänn
Ich möchte zahlen, bitte.	Je voudrais payer, s'il vous plaît.	schö wudrä pejeh ßil wu plä

NÜTZLICHES

Wo ist …?/Wo sind …?	Où est …?/Où sont …?	u ä …/u ßong …
Wie viel Uhr ist es?	Quelle heure est-il?	käl ör ät il
heute/morgen/gestern	aujourd'hui/demain/ hier	oschurdüi/dömäng/ jähr
Wie viel kostet …?	Combien coûte …?	kombjäng kuht …
Wo finde ich einen Internetzugang/WLAN?	Où puis-je trouver un accès à internet/wi-fi?	u püische truweh äng akßä a internet/wifi
Hilfe!/Achtung!	Au secours!/Attention!	o ßökuhr/attangßjong
Fieber/Schmerzen	fièvre/douleurs	fiäwrö/dulör
Apotheke/Drogerie	pharmacie/droguerie	farmaßi/drogöri
offen/geschlossen	ouvert/fermé	uwär/färmeh
gut/schlecht	bon/mauvais	bong/mowä
links/rechts/geradeaus	à gauche/à droite/ tout droit	a gohsch/a droat/ tu droa
Panne/Werkstatt	panne/garage	pann/garahsch
Fahrplan/Fahrschein	horaire/billet	orär/bije
0/1/2/3/4/5/6/7/8/9/ 10/100/1000	zéro/un, une/deux/ trois/quatre/cinq/six/ sept/huit/neuf/dix/ cent/mille	sero/äng, ühn/döh/ troa/katr/ßänk/ßiß/ ßät/üit/nöf/diß/ßang/ mil

LESESTOFF & FILMFUTTER

LEBEN WIE GOTT IN FRANKREICH

Der 2021 gestorbene elsässische Gedankenschmuggler und Vielschreiber Martin Graff porträtiert in diesem 2012 erschienenen Buch sehr einfühlsam Deutsche und wie es ihnen im Elsass ergeht.

MARTHE UND MATHILDE

In dem wunderbaren Buch von 2009 berichtet die Journalistin Pascale Hugues aus dem Leben ihrer beiden Großmütter aus Colmar – eine Deutsche, die andere Französin – und wie es ihnen erging, als das Elsass 1919 französisch wurde.

ES KOMMT DER TAG

Susanne Schneiders Film von 2009 zeigt die Idylle Elsass als Fluchtort. Hierhin hat es eine Frau mit linksradikaler Vergangenheit verschlagen, die jetzt inkognito mit Mann und Kindern auf einem Weingut lebt. Aber die Vergangenheit holt sie ein …

VERLORENE LEBEN

Pierre Kretz schreibt viel über seine Heimat. Dieser 2018 erschienene Roman schildert Dorfjugend, Karriere als Anwalt, (Über-)Leben als Zwangsrekrutierter im Zweiten Weltkrieg – mehr als „nur" Geschichtsunterricht.

PLAYLIST QUERBEET

II LES TROUBADOURS – DER HANS IM SCHNOKELOCH
Die heimliche Nationalhymne des Elsass als Folksong

▶ BASHUNG – ELSASS BLUES
Ein französischer Star besingt seine glückliche Kindheit im Elsass

▶ ROGER SIFFER – IN STROSSBURI GETT'S KENN JUMPFRA MEH
Der Straßburger Troubadour singt aus Erfahrung

▶ D'ASSOIFFÉS – SYLVANER BLUES
Rustikale Hommage an einen Zechwein

▶ COOKIE DINGLER – FEMME LIBÉRÉE
Großartiger Popsong, von einem Straßburger komponiert und gesungen

▶ ISABELLE GRUSSENMEYER – ICH BÌN DO
Die junge Liedermacherin singt, wie sie's am besten kann: im Dialekt

Den Soundtrack zum Urlaub gibt's auf ***Spotify*** unter ***MARCO POLO France***

Oder Code mit Spotify-App scannen

AB INS NETZ

RADIODKL.COM
Dank Huguette Dreikaus und ihren Beobachtungen vom Way of Life im „Elsasser Landel" und Schlagermusik eine Bank des Elsässertums.

RHINEDITS.U-STRASBG.FR
Deutsch-französische Website mit privaten Filmen aus dem Elsass und vom Oberrhein. Eine Schatzkiste!

HOMMEDEFER.WORDPRESS.COM
MARCO POLO Autor Pascal Cames bloggt über Kultur, Wanderungen, Einkaufen und wo's schmeckt.

OLCALSACE.ORG
Das umtriebige Straßburger Sprochàmt erklärt, warum „Elsässisch bombisch isch", mit Lexikon und lustigen Filmen.

FACEBOOK.COM/FRANTISEK.ZVARDON
Der Straßburger Fotograf zeigt das Elsass und die Welt.

SHORT.TRAVEL/ELS3
Auf der Website des Fernsehsenders France 3 finden sich viele Filme und Berichte rund ums Elsass, zum Teil auch auf Elsässerdeutsch.

TRAVEL PURSUIT

DAS MARCO POLO URLAUBSQUIZ

Weißt du, wie das Elsass tickt? Teste hier dein Wissen über die kleinen Geheimnisse und Eigenheiten von Land und Leuten. Die Lösungen findest du in der Fußzeile. Und ganz ausführlich auf den S. 20–25.

❶ Warum gibt es im Elsass so viele Biowinzer?

a) Dank EU-Subventionen
b) Aufgrund des trockenen Klimas
c) Aus Gründen der Tradition

❷ Was bekam Kaiser Wilhelm II. 1899 geschenkt?

a) Die Hohkönigsburg
b) Den Kaiserpalast in Straßburg
c) Die heute im Öltinger Heimatmuseum ausgestellte goldene Brezel

❸ Wie heißt der elsässische Hopfen?

a) Hopfa
b) S'Pisselstrahlt
c) Strisselspalt

❹ Die historische Heimatspròch der Elsässer ist …

a) Fränkisch
b) Alemannisch
c) Pfälzisch

❺ Wann und wo wurde die erste Zeitung der Welt gedruckt?

a) 1605 in Straßburg
b) 1711 in Gutenbergheim
c) 1789 in Sélestat

❻ Welchen Beruf übte Tomi Ungerer nicht aus?

a) Flussschiffer im Kongo
b) Fremdenlegionär in Algerien
c) Bauer in Irland

Lösungen: 1b, 2a, 3c, 4b, 5a, 6a, 7b, 8c, 9a, 10c, 11a, 12b

Der Kenner siehts sofort: Hier hängt Hopfen! Aber wie heißt die Sorte? Frage 3!

❼ Was ist Heckenwelsch?

a) Eine in Weinbergen verbreitete Pflanze
b) Ein Mischmasch aus Elsässisch und Französisch
c) Ein Craft Beer aus Wissembourg

❽ Was wird am 24. Juni weltweit gefeiert?

a) Albert Schweitzers Geburtstag
b) Flammkueche Daj
c) Alsace Fan Day

❾ Wer hat elsässische Vorfahren?

a) Barack Obama
b) Donald Trump
c) Boris Johnson

❿ Wie viele Storchenpaare nisten im Elsass?

a) Gut 100
b) Rund 500
c) Knapp 1000

⓫ Welches grammatische Geschlecht hat „Tram" im Elsass?

a) Der
b) Die
c) Das

⓬ Wo gründete der Elsässer „Urwalddoktor" Albert Schweitzer ein Krankenhaus?

a) Auf Madagaskar
b) In Gabun
c) In Französisch-Guyana

REGISTER

LOB ODER KRITIK? WIR FREUEN UNS AUF DEINE NACHRICHT!

Trotz gründlicher Recherche schleichen sich manchmal Fehler ein. Wir hoffen, du hast Verständnis, dass der Verlag dafür keine Haftung übernehmen kann.

MARCO POLO Redaktion • MAIRDUMONT • Postfach 31 51
73751 Ostfildern • info@marcopolo.de

Impressum
Titelbild: Dambach-la-Ville (AWL Images: K. Kreder)
Fotos: DuMont Bildarchiv: Kirchgessner (10); J. Fichtner (139); huber-images: F. Lukasseck (Klappe hinten), T. Mackie (76/77), R. Schmid (28/29, 70/71), R. Taylor (53); Laif: M. Dreysse (40/41), M. Kirchgessner (33, 107, 111, 112); Laif/hemis.fr: D. Bringard (47, 85, 91, 95), M. Colin (8/9), S. Cordier (24, 136/137), B. Gardel (63), R. Mattes (67, 80), B. Rieger (86, 98/99); Laif/VU: J. M. Castro Prieto (32/33, 108, 121); Look: G. Bayerl (22), P. Koschel (34/35), D. Schönen (96/97); Look/age fotostock (14/15); Look/SagaPhoto (72); Look/Travel Collection (37); mauritius images: J. Dezain (69), hifografik (102), R. Mattes (45), K. Neuner (16/17, 61); mauritius images/age (118); mauritius images/Alamy: Edpics (Klappe vorne außen, Klappe vorne innen/1, 21), Goddard New Era (48); mauritius images/Alamy/Alamy Stock Photos/ MattLphotography (2/3); mauritius images/Alamy/Alamy Stock Photos/Ifeelstock: STOCKFOLIO (75); mauritius images/foodcollection (29); mauritius images/hemis.fr (55, R. Mattes (6/7); mauritius images/imagebroker: J. Wackenhut (51); mauritius images/Westend61 (56/57); Schapowalow/4Corners: S. Wasek (125); Shutterstock: agsaz (13), cge2010 (129), FamVeld (12), Hadrian (30), P. Kazmierczak (11, 26/27, 134/135), V. Kietlaitis (114/115), leoks (83), S. Novikov (64/65), Oscity (92/93), S. Rattanajarupak (126/127)

17., aktualisierte Auflage 2023

Autor: Pascal Cames; Redaktion: Nikolai Michaelis; Bildredaktion: Gabriele Forst
Kartografie: © MAIRDUMONT, Ostfildern (S. 38–39, 116, 122, 124, Umschlag außen, Faltkarte); Kompass Karten GmbH, A-Innsbruck © MAIRDUMONT, Ostfildern (S. 119); © MAIRDUMONT, Ostfildern, unter Verwendung von Kartendaten von OpenStreetMap, Lizenz CC-BY-SA 2.0 (S. 42–43, 58–59, 78–79, 89, 100–101, 104)
Gestaltung Cover, Umschlag und Faltkartencover: bilekjaeger_Kreativagentur mit Zukunftswerkstatt, Stuttgart
Gestaltung Innenlayout: Langenstein Communication GmbH, Ludwigsburg
Spickzettel: in Zusammenarbeit mit PONS GmbH, Stuttgart
Texte hintere Umschlagklappe: Lucia Rojas
Konzept Coverlines: Jutta Metzler, bessere-texte.de

Printed in Poland

MARCO POLO AUTOR
PASCAL CAMES
Der im badischen Offenburg lebende Autor und Journalist Pascal Cames wollte schon immer einmal den elsässischen Zeichner Tomi Ungerer persönlich treffen, leider klappte es nie. Doch MARCO POLO sei Dank, als Pascal Cames in der Straßburger *Winstub* „Chez Yvonne" saß, kam ein älterer Herr mit krummer, selbst gedrehter Zigarette im Mund auf ihn zu: „Sie kenne ich doch!"

BLOSS NICHT!

FETTNÄPFCHEN UND REINFÄLLE VERMEIDEN

ZECKENKONTROLLE VERGESSEN

Typisch für den Oberrhein sind Zecken *(tiques)*, die es auf Wiesen und im Wald gibt. Vorsicht ist immer geboten, wenn du durch die Natur streifst. An solchen Tagen ist eine „Zeckenkontrolle" nach der Dusche ratsam.

FALSCHE SCHLÜSSE ZIEHEN

Franzosen stellen sich gern mit Vornamen vor. Das heißt aber nicht, dass die Leute gleich geduzt werden wollen. Gängig ist immer noch das Sie, auch bei den Jungen. Also nicht gleich auf die Schulter klopfen und denken, jetzt sind wir Kumpels.

DEN PLATZ SELBER AUSSUCHEN

In der Gastwirtschaft sind Franzosen empfindlich. Ein freier Tisch bedeutet nicht, dass man sich auch einfach so hinsetzen darf. Die eiserne Regel lautet: Stell dich zunächst beim Kellner vor und sag, was du möchtest. Dann bekommst du einen Platz vorgeschlagen. Alles andere gilt als ungehobelt.

NACKT IN DIE SAUNA

Gar nicht ungezwungen-leger geht es in der Sauna zu. Die skandinavische Saunakultur findet in romanischen Ländern wenig Anklang. Darum: niemals nackt! When in Rome, do as the Romans do – diese Regel gilt erst recht in der Sauna.

ZU SCHNELL IN DIE ORTSCHAFTEN RASEN

Gerade die „Kuhdörfer" haben am Ortseingang Bodenwellen *(ralentisseurs)*, manchmal sogar mehrere hintereinander, und dann auch noch ziemlich hohe Exemplare davon. Wer mit 70 in den Ort brettert, rast in den Achsenbruch.